SAMMLUNG GÖSCHEN BAND 1146

DIE SYNCHRONMASCHINE

von

DR.-ING. WALTER PUTZ

Mit 64 Bildern

WALTER DE GRUYTER & CO.
vormals G. J. Göschen'sche Verlagshandlung · J. Guttentag,
Verlagsbuchhandlung · Georg Reimer · Karl J. Trübner · Veit & Comp.

BERLIN 1962

Inhaltsverzeichnis

Formelzeichen und Einheiten 5
Schrifttum 9

I. Allgemeines 11

II. Die Bauelemente der Synchronmaschine 17

a) Der Läufer 17
1. Schenkelpol-Läufer 17
2. Vollpol-Läufer 20
b) Schleifringe und Bürsten 23
c) Der Ständer und die Belüftung der Maschine .. 23
d) Wasserstoffkühlung 25
e) Die Ständerwicklung 27

III. Theorie der Synchronmaschine 31

a) Das Wicklungsschema der Drehstrom-Synchronmaschine 31
b) Die induzierte Spannung 33
1. Ganzlochwicklungen 33
2. Zweischicht-Bruchlochwicklungen 38
c) Das Erregerfeld der Synchronmaschine 39
d) Die Felderregerkurve des Ankers 41
e) Das Ankerfeld und die der Ankerdurchflutung gleichwertige Erregerdurchflutung 48
1. Vollpolmaschine 48
2. Schenkelpolmaschine 49
f) Die Streufelder 52
g) Das Erregerdiagramm 53
1. Vollpolmaschine 53
2. Schenkelpolmaschine 54
h) Blindlast und stationärer Kurzschluß 56

IV. Die stationären Kennlinien und die Ermittlung des Nennerregerstromes 58

a) Das Schwedendiagramm 58
b) Mit Hilfe der Potierreaktanz X_p 59

V. Stoßkurzschluß und Zeitkonstanten 60

VI. Die Reaktanzen der Synchronmaschine 62

VII. Der Lastwinkel und die Kippleistung 65

VIII. Leistungsschwingungen 66

IX. Das Synchronisieren 68

X. Erregeranordnungen 72

XI. Synchronmotoren 75

XII. Die Prüfung der Synchronmaschine 77
a) Allgemeines 77
b) Mechanische Festigkeit 78
c) Isolierfestigkeit 79
d) Kennlinien und Streuprobe 80
e) Verluste 80
f) Erwärmung 82

XIII. Die Größenabmessung 83
a) Entwurfsgleichung 83
b) Grenzleistungen 84

XIV. Reluktanzgeneratoren für Mittelfrequenz 86
a) Der homopolare Reluktanzgenerator 86
b) Der heteropolare Reluktanzgenerator (Schmidt-Lorenz-Maschine) 87
c) Der Schwingfeld-Generator (Guy-Maschine) 87
d) Eigenschaften der Reluktanzgeneratoren 88

Sachregister 90

Formelzeichen und Einheiten

Die Formeln sind stets als Größengleichungen geschrieben, in die Einheiten eines beliebigen Einheitensystems eingesetzt werden können. In Gl. 1 $f = p \cdot n$ sind zweckmäßig für f und n die Einheiten s^{-1} einzusetzen. Verwendet man für f s^{-1} (Hz) und für n die nichtkohärente Einheit U/min, so muß die Gleichung natürlich $f = p \cdot n/60$ geschrieben werden. Soweit für die Größen Werte angegeben sind, sind die Einheiten des international anerkannten MKSA-Systems verwendet, in dem die Längen in m, die Masse in kg, die Zeit in s und die Stromstärke in A erscheinen. Abgeleitete Einheiten sind Spannung in V, Fluß in Wb (1 Weber = 1 Vs), Induktionen in T (1 Tesla = 1 Wb m^{-2}). Es sind 1 Wb = 10^8 Maxwell und 1 T = 10^4 Gauss.

Verzeichnis der Formelzeichen; Einheiten im MKSA-System

Formelzeichen	und ihre Bedeutung	MKSA-Einheit
A	Strombelag	Am^{-1}
a	Anzahl der parallelen Zweige je Phase	—
B	Induktion	T
B_0	Induktion in Polmitte	T
b	Breite	m
C	Essonscher Leistungswert	$VAsm^{-3}$
D_i	Bohrungsdurchmesser	m
E	Spannung, Effektivwert	V
e	Spannung, Momentwert	V
E_{W1}	Spannung der Grundwelle einer Windung, Effektivwert	V
F	Fläche	m^2
f	Frequenz	Hz = s^{-1}
g	ganze Zahl	—
I	Strom, Effektivwert	A
I_{k0}	Dauerkurzschlußstrom bei Leerlauferregung je Phase	A
I_k'	Übergangs-Kurzschluß-Wechselstrom je Phase	A
I_k''	Stoßkurzschluß-Wechselstrom je Phase	A
k_d, k_q	Ankerrückwirkungs-Faktoren für Längs- bzw. Querstellung	—
i	Kurzschlußstrom je Phase, Momentanwert	A

Formelzeichen und ihre Bedeutung		MKSA-Einheit
k_f	Formfaktor	—
k_{v0}	Leerlauf-Kurzschlußverhältnis	—
L	Induktivität	H
l, l_i	Eisenlänge, ideelle Eisenlänge	m
M	Drehmoment	Nm = Ws
m	Anzahl der Phasen	—
N	Nutenzahl	—
n	Drehzahl	s^{-1}
n	Nenner	—
n	Ordnungszahl der Harmonischen	—
P, P_s, P_w	Leistung, Scheinleistung, Wirkleistung	W, VA
p	Polpaarzahl	—
q	Lochzahl je Pol und Phase	—
R_A	Widerstand des Ankers je Phase	$\Omega = VA^{-1}$
S_d, S_q	Scheitelwert von Grundwellen	—
T_a	Gleichstrom-Zeitkonstante	s
T'_d	Übergangs-Zeitkonstante	s
T''_d	Anfang-Zeitkonstante	s
t	Zeit	s
U_N	Nennspannung je Phase	V
V_a, V_i	Magnetische Spannungen für den äußeren (inneren) magnetischen Kreis	A
v	Geschwindigkeit	ms^{-1}
W	Spulenweite	m
w	Windungszahl je Phase	—
w_f	Windungszahl je Pol	—
X_d	Ankerreaktanz je Phase	$\Omega = VA^{-1}$
X'_d	Übergangsreaktanz je Phase	$\Omega = VA^{-1}$
X''_d	Anfangsreaktanz je Phase	$\Omega = VA^{-1}$
X_p	Potier-Reaktanz je Phase	$\Omega = VA^{-1}$
X_S	Reaktanz aus der Streuprobe je Phase	$\Omega = VA^{-1}$
X_0	Nullreaktanz je Phase	$\Omega = VA^{-1}$
X_2	Gegenreaktanz je Phase	$\Omega = VA^{-1}$
$x_d, x'_d, x''_d, x_0, x_2$	bezogene Reaktanzen	—
x	Koordinate	m
y	Spulenweite in Nutteilungen	—

Formelzeichen und ihre Bedeutung		MKSA-Einheit
y_1, y_2	Wicklungsschritt und Schaltschritt in Nutteilungen (bei Wellenwicklung)	—
Z	Zähnezahl des Läufers von Mittelfrequenzmaschinen	—
z	Zähler	—
z_n	Anzahl der Leiter je Nut	—
α	Ideelles Poldeckungsverhältnis	—
δ	Luftspalt	m
δ_0	Luftspalt in Polmitte	m
Θ_A	Durchflutung des Ankers	A
Θ_{Ae}	Auf die Erregerwicklung bezogene Ankerdurchflutung	A
Θ_m	Zur Magnetisierung erforderliche Durchflutung	A
Θ_p	Erregerdurchflutung je Pol	A
ϑ	Lastwinkel	—
μ_0	Induktionskonstante $= 4\pi \cdot 10^{-7} \mathrm{Hm}^{-1}$	Hm^{-1}
Π	Magnetisches Potential	A
ξ, ξ_z, ξ_s	Wicklungsfaktor, Zonenfaktor, Sehnungsfaktor	—
τ_p	Polteilung	m
Φ	Magnetischer Fluß	Wb = Vs
ψ	Winkel zwischen Polachse und Scheitel der Grundwelle der Ankerdurchflutung (π entspricht einer Polteilung)	—
ω	Kreisfrequenz $= 2\pi f$	s^{-1}
ω_n	Winkelgeschwindigkeit	s^{-1}
ω_p	$= \mathrm{d}\vartheta/\mathrm{d}t$, Pendelgeschwindigkeit	s^{-1}

Indizes

Zeichen	Bedeutung	Beispiel
0	Leerlauf	I_{f0} = Leerlauferregerstrom
1	Grundwelle	Θ_{A1} = Scheitel der Grundwelle der Feldkurve des Ankers
A	Anker	R_A = Widerstand der Ankerwicklung je Phase
a, *b*	an der Stelle *a* bzw. *b*	B_a = Induktion an der Stelle *a*
d	Längsachse (Direktachse)	Θ_{Aed} = der Ankerdurchflutung gleichwertige Erregerdurchflutung in der Längsachse
f	Feldwicklung, Erregerwicklung	I_f = Erregerstrom
k	Kurzschluß	I_{k0} = Dauerkurzschlußstrom bei Leerlauferregung
max, min	Höchstwert, Kleinstwert	M_{max} = Kippmoment
N	Nennbetrieb	I_N = Nennstrom je Phase
n	*n*-te Harmonische	Θ_{An} = Scheitel der *n*-ten Harmonischen der Feldkurve des Ankers
p	Pol	Θ_{pN} = Erregerdurchflutung bei Nennbetrieb
q	Querachse	Θ_{Aeq} = der Ankerdurchflutung gleichwertige Erregerdurchflutung in der Querachse
x	an der Stelle *x*	Θ_{Ax} = Ankerdurchflutung an der Stelle *x*
σ	Streuung	$\Phi_{\sigma p}$ = Polstreufluß

Schrifttum

1. Arnold, E., und J. L. La Cour: Die synchrone Wechselstrommaschine, Springer, Berlin, 1913.
2. Richter, R.: Elektrische Maschinen, Bd. I: Allgemeine Berechnungselemente, Springer, Berlin, 1930.
3. Richter, R.: Elektrische Maschinen, Bd. II: Synchronmaschinen und Einankerumformer, Springer, Berlin, 1920.
4. Bödefeld, Th., und H. Sequenz: Elektrische Maschinen, 4. Auflage, Springer, Wien, 1949.
5. Nürnberg, W.: Die Prüfung elektrischer Maschinen, 4. Aufl., Springer, Berlin, 1959.
6. Verband Deutscher Elektrotechniker: Regeln für elektrische Maschinen, VDE 0530, Ausgabe März 1959.
7. Putz, W.: Das Luftspaltfeld der Synchronmaschinen mit ausgeprägten Polen, Arch. Elektrotechn. Bd. 28, H. 5, S. 283.
8. Putz, W: Die Grenzleistung von Generatoren zum Antrieb durch Wasserturbinen, ETZ 60 (1939) S. 1259.
9. Putz, W.: Erregung und Spannungsregelung des Drehstromgenerators, E. u. M. 60 (1942) S. 325.
10. Klüpfel, A: Neuere Konstruktionen von Wasserkraftmaschinen, E. u. M. 62 (1943) S. 77.
11. Droste, W.: Selbsterregte, erregermaschinenlose Drehstromkompoundgeneratoren größerer Leistung, AEG-Mittlg. 47 (1957) S. 128.
12. Harms, D.: Wasserstoffgekühlte Generatoren großer Leistung, ETZ-A 78 (1957) S. 83.
13. Hagedorn, G.: Mittelfrequenz-Generatoren größerer Leistung, in VDE-Bücherreihe Bd. 1: Sonderbauformen elektrischer Maschinen, S. 128.

I. Allgemeines

Die Synchronmaschinen leiten ihren Namen davon her, daß ihre Drehzahl in einem festen Verhältnis zur Frequenz des Wechselstromnetzes, an das sie angeschlossen sind, steht. Jede Abweichung von dieser „synchronen Drehzahl" stellt eine schwere, kurzschlußähnliche Störung des Betriebes dar. Fast alle Synchronmaschinen bestehen aus einem umlaufenden, gleichstromerregten Polrad und einem Ständer, der die, meist dreiphasige, in Nuten eingebettete Wechselstromwicklung enthält. Läuft vor einer Nut ein Polpaar, d. i. ein Nord- und ein Südpol, vorbei, so wird in ihren Leitern eine Periode der Wechselspannung induziert. Ihre Frequenz f, d. i. die Anzahl der Perioden je Sekunde, ist also bei der Drehzahl n des Polrades

$$f = p \cdot n \,. \qquad (1)$$

Hierin ist p die Polpaarzahl des Läufers. Bei der üblichen Frequenz von $f = 50$ Hz ergeben sich also die folgenden, für Synchronmaschinen möglichen synchronen Drehzahlen in U/min:

$p =$	1	2	3	4	5	6	... 24 usw.
$n =$	3000	1500	1000	750	600	500	... 125 usw.

Arbeitet eine synchrone Maschine als Stromerzeuger für sich allein, dann kann sie natürlich mit beliebiger Drehzahl angetrieben werden und bestimmt nach Gl. (1) die Frequenz im gespeisten Netz. Ist aber die Frequenz des Netzes schon auf andere Weise, z. B. durch zahlreiche andere auf das Netz arbeitende Stromerzeuger festgelegt, dann ist jeder weitere Stromerzeuger an diese Frequenz gebunden; er muß „synchron", d. h. im Gleichtakt mit dem Netz laufen. Versucht man die Drehzahl des Generators zu erhöhen, indem man der antreibenden Turbine mehr Dampf zuführt, so wird wohl das Polrad etwas vorgedrückt, die Drehzahl wird aber nicht erhöht, sondern die Ständerwicklung gibt mehr Leistung ins Netz und erhöht damit das auf den Läufer ausgeübte Gegenmoment, bis wieder Gleichgewicht mit dem antreibenden Moment vorhanden ist. In analoger Weise reagieren Synchronmotoren auf eine Änderung des Belastungsmomentes (s. a. Bild 58 und 59). Dieses „Intritthalten" der Synchronmaschine erfolgt bis zur „Kippleistung" der Maschine, die wesentlich von der Höhe ihres Polradstromes abhängig ist. Wird diese überschritten, so „fällt die Maschine außer Tritt"; ein Synchronmotor kommt unter hoher Stromaufnahme zum Stillstand.

Die großen Stromerzeuger in unseren Kraftwerken, die heute Leistungen bis zu einigen hundert MVA haben (1 MVA = 10^6 VA = 1000 kVA), sind sämtlich Synchron-

Bild 1. Läufer einer 12poligen Synchronmaschine mit massiven Polen und Dämpferringen.

generatoren. Synchronmotoren werden vornehmlich für größere Antriebe von einigen hundert kW bis einigen MW Leistung verwendet (1 MW = 10^6 W = 1000 kW). Ausgesprochene Sonderbauformen stellen die Mittelfrequenz-

Bild 2. Ständer eines Drehstromgenerators.

generatoren (Frequenzen bis etwa 10 kHz) und die Motoren für Leistungen von Bruchteilen eines Watts (Uhrenmotoren) dar. Letztere haben nicht einmal eine Gleichstromerregung.

Ein Generator für 10 000 kVA Wechselstromleistung braucht zur Magnetisierung der Pole eine Erregerleistung von nur etwa 100 kW Gleichstrom. Dem Läufer muß die

Leistung über Schleifringe zu- oder abgeführt werden. Es ist technisch gar nicht möglich, 10 000 kVA über Schleifringe zu führen, wohl aber die 100 kW Erregerleistung. Deshalb werden alle großen Synchronmaschinen, etwa ab 10 kVA,

Bild 3. Drehstromgenerator mit senkrechter Welle zum Antrieb durch eine Wasserturbine auf dem Prüfstand.

mit umlaufendem Magnetsystem gebaut (Bild 1). Sie sind also, im Gegensatz zur Gleichstrommaschine, „Innenpol-Maschinen". Der Läufer trägt die Erregerwicklung. Auf dem feststehenden Teil, dem „Ständer" (Bild 2) befindet

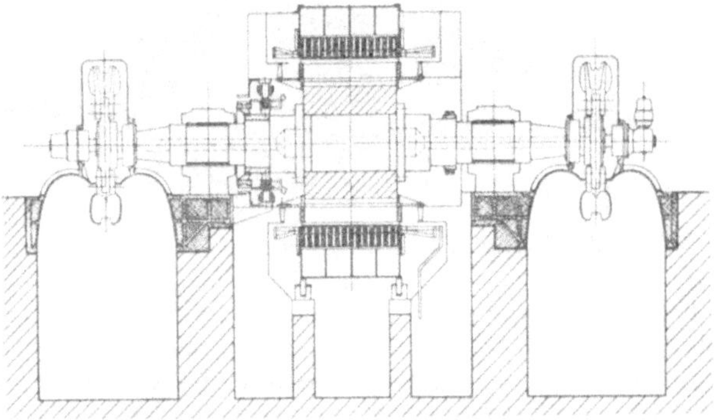

Bild 4. Drehstromgenerator 50 MVA, 500 U/min, angetrieben durch zwei Peltonräder (AEG).

Bild 5. Schwungrad und Läufer eines Synchronmotors zum Antrieb eines Kolbenverdichters (BBC).

Bild 6. Läufer eines Turbogenerators, ohne Kappen.

sich die Ankerwicklung, in der durch den Umlauf des magnetischen Feldes die Wechselspannung induziert wird.

Die Drehzahl und die Konstruktion der Maschinen richtet sich ganz nach der mit ihnen gekuppelten Antriebs- oder Arbeitsmaschine. Wasserturbinen haben je nach Gefälle und Leistung Drehzahlen zwischen 50 und 750 U/min. Die Turbinen für niedrige Drehzahlen werden stets mit senkrechter Welle ausgeführt (Bild 3); bei den hohen Drehzahlen, etwa ab 300 U/min, findet man sowohl senkrechte als auch waagerechte Wellenlage, letztere insbesondere bei Peltonturbinen (Bild 4). Kolbenmaschinen, also Dieselmotoren, Dampf- und Gasmaschinen und Kolbenverdichter haben stets waagerechte Wellen. Das schwankende Drehmoment der Kolbenmaschinen verlangt ein hohes Trägheitsmoment des Maschinensatzes. Das Polrad der Synchronmaschine wird hier häufig konstruktiv mit dem Schwungrad vereinigt (Bild 5) oder man baut es mit besonders großem Durchmesser.

Eine von der der anderen Maschinen wesentlich abweichende Bauweise haben die Turbogeneratoren, Generatoren mit waagerechter Welle, die von Dampf- oder Gasturbinen großer Leistung direkt angetrieben werden. Die Drehzahl dieser Turbinen beträgt (bei 50 Hz) fast immer 3000 U/min. Dies verlangt einen zweipoligen Läufer in Turbobauweise (Bild 6), dessen Durchmesser durch die Fliehkräfte auf etwa 1,1 m beschränkt ist. Bei großen Leistungen erhält man Turbogeneratoren mit Eisenpaketlängen von 5 m und mehr, also sehr lange Maschinen.

II. Die Bauelemente der Synchronmaschine

a) Der Läufer

1. Schenkelpol-Läufer

Die Polzahl $2p$ ist bei gegebener Drehzahl und Frequenz gegeben (Gl. (1)). Läufer mit 6 und mehr Polen haben ausgeprägte Pole, auf denen die Feldspulen aufgebracht sind (Bild 1). Sie werden Schenkelpolläufer, Einzelpolläufer oder auch Läufer mit ausgeprägten Polen genannt. Ihre Bauweise richtet sich wesentlich nach den Beanspruchungen durch die Fliehkräfte. Jede elektrische Maschine muß nach den „Regeln für elektrische Maschinen“ VDE 0530 § 67 einer „Schleuderdrehzahl“ gewachsen sein, die mindestens 1,2 mal Nenndrehzahl beträgt. Dies ist für Synchronmotoren und Generatoren, die durch Kolbenmaschinen angetrieben werden, ausreichend. Wasserturbinen können jedoch eine sehr viel höhere „Durchgangsdrehzahl“ erreichen, wenn plötzlich ihre Last abgeworfen wird und der Drehzahlregler versagt. Die mit ihnen gekuppelten Generatoren sind daher für eine Schleuderdrehzahl zu bauen, die mindestens 1,8, häufig bis zu 2,5 mal Nenndrehzahl beträgt.

Die einfachste Bauweise zeigt Bild 1. Der untere Teil der Pole ist an das Stahlgußjoch angegossen. Der obere Teil enthält auch die Polschuhe und ist auf die Polstummel aufgeschraubt. Mit dieser Bauweise lassen sich hohe Umfangsgeschwindigkeiten (bei Schleuderdrehzahl bis 80 m/s) erreichen. Sie hat jedoch bei kleinen Luftspalten den Nachteil, daß in der Oberfläche der Pole durch die Feldschwankungen infolge offener Nuten und die Oberfelder des vom Anker erregten Feldes Wirbelströme induziert werden, die erhebliche Verluste zur Folge haben.

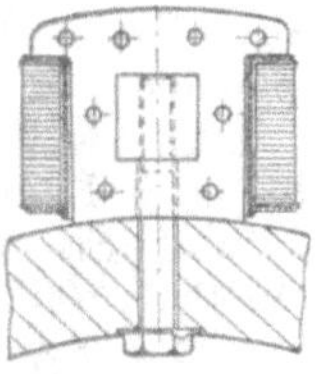
Bild 7. Geblechter Pol, angeschraubt.

Die Pole werden daher meist mit lamellieter Oberfläche ausgeführt oder ganz aus Blechen aufgebaut (Bild 7). Bei massiven Polen können die Bleche in Nuten des Polkopfes eingesteckt und mit durchgesteckten Bolzen gehalten werden

(Bild 8). Zwischen den Blechpaketen bleibt eine Anzahl massiver Stege stehen, die man etwas zurückstehen läßt. Die Blechpakete können auch durch Schwalbenschwänze am Polkopf gehalten werden (Bild 9).

Die Befestigung der Pole am Joch geschieht am einfachsten durch Schrauben (Bild 7 und 8). Auch bei lamellierten Polen kann man das Gewinde in die Pole einschneiden, je-

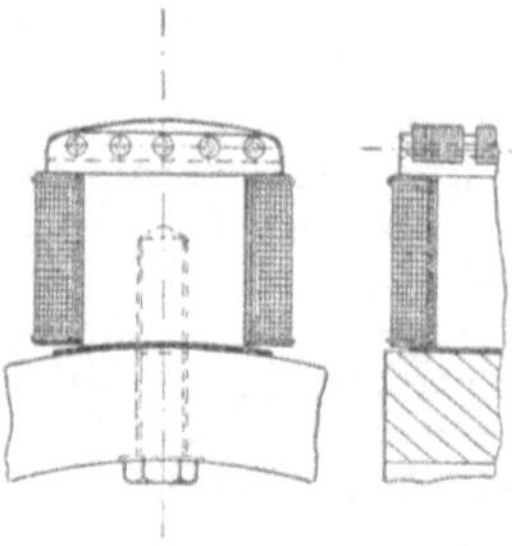

Bild 8.
Angeschraubter massiver Pol mit teilweise geblechtem Polschuh (Bolzenbefestigung).

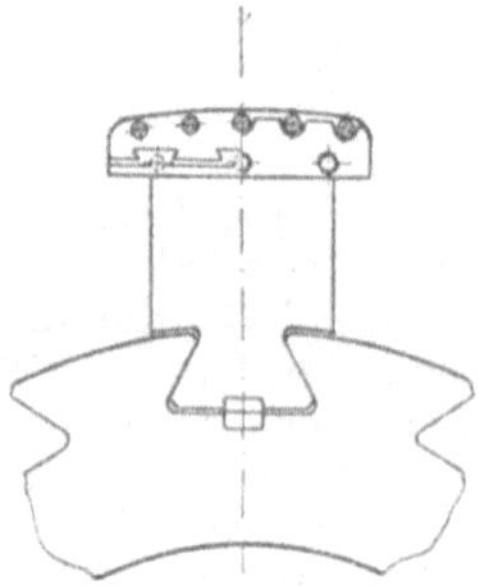

Bild 9. Massiver Pol mit geblechtem Polschuh (Schwalbenschwanzbefestigung).

doch ist bei höheren Umfangsgeschwindigkeiten ein Stahlbalken im Pol zur Aufnahme des Gewindes erforderlich (Bild 7).

Bei hohen Umfangsgeschwindigkeiten, etwa ab 50 m/s, genügen Schrauben zur Aufnahme der Fliehkräfte nicht mehr. Die Pole werden dann durch einen oder mehrere Schwalbenschwänze (Bild 9) oder Hammerköpfe (Bild 10) gehalten.

Auch vier- und sechspolige Synchronmaschinen werden bis etwa 15 MVA Leistung als Schenkelpolmaschinen ausgeführt. Sie werden von schnellaufenden Dampfturbinen (4000 . . . 7000 U/min) über Getriebe angetrieben oder dienen als Synchronmotoren, beispielsweise zum Antrieb schnellaufender Turboverdichter über Getriebe. Bei großen Leistungen, etwa ab 2 MVA, hat sich die Kammkonstruktion (Bild 11) bewährt. Pole und Joch bilden ein Schmiedestück. In die Pole sind breite Rillen eingedreht, in denen lamellierte Pakete stecken, die in ihnen durch kräftige Längsbolzen gehalten werden. Die Pakete und die Bolzen nehmen die Fliehkraft der hochkant gewickelten Feld-

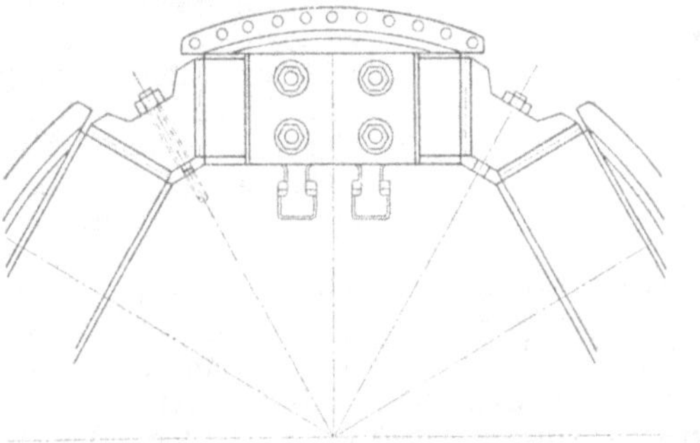

Bild 10. Polbefestigung durch zwei Hammerköpfe.

spulen auf. Die Zwischenstücke in der Pollücke nehmen die Komponente der Fliehkraft auf, die von den Polhörnern nicht aufgenommen wird (Bild 10).

Die Erregerwicklung wird bei kleineren Maschinen aus isoliertem Vierkantdraht gewickelt (Bild 8). Bei großen Maschinen besteht sie aus Bandkupfer, das hochkant gebogen wird (Bild 7). Die Wicklung kann auch aus einzelnen Bandstücken hart zusammengelötet werden.

Das Läuferjoch mit seinen Speichen und der Nabe wird meist aus Stahlguß ausgeführt. Das Rad muß bei großen Durchmessern wegen des Transportes geteilt sein. Einteilige, hoch-

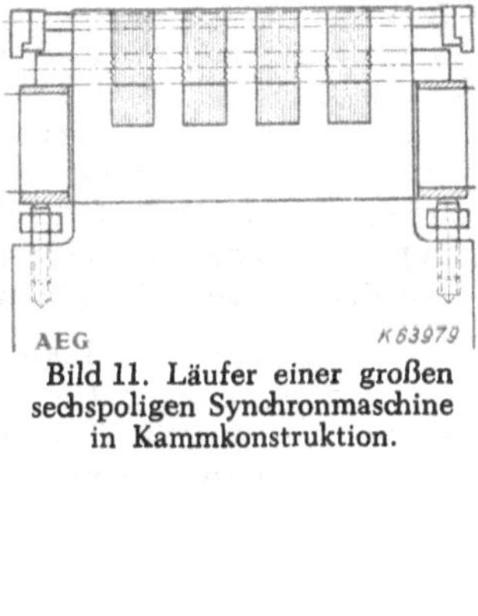

Bild 11. Läufer einer großen sechspoligen Synchronmaschine in Kammkonstruktion.

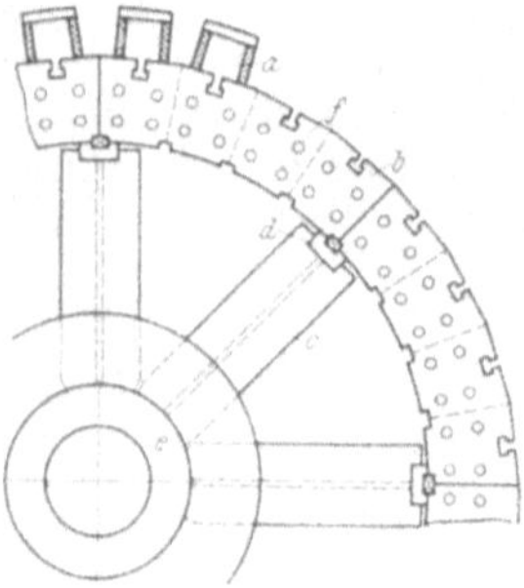

Bild 12.
Schichtpolrad eines großen, langsamlaufenden Wasserkraftgenerators.

beanspruchte Läuferkörper werden geschmiedet (Bild 4). Hochbeanspruchte Polräder mit großem Durchmesser werden als „Schichtpolräder" ausgeführt (Bild 12). Sie werden im Kraftwerk aus den etwa 4 mm dicken Stahlsegmenten überlappt geschichtet und durch Bolzen miteinander verkettet. Der so geschaffene Ring wird gegen die Speicher des Rades verkeilt.

Ein wichtiges Bauelement aller größeren Schenkelpolläufer ist die Dämpferwicklung. Sie ist an der Energieumsetzung der Maschine nicht beteiligt, verbessert aber ihre Betriebseigenschaften erheblich. Sie besteht (Bild 5 und 11) bei Generatoren aus Kupferstäben, die in Nuten dicht unter der Poloberfläche untergebracht und durch Ringe an beiden Seiten verbunden sind und bildet somit einen Dämpferkäfig. Pendelt eine Maschine, etwa infolge pulsierenden Antriebsmomentes, etwas um ihre synchrone Lage herum, so werden in ihr Ströme induziert. Diese erzeugen Drehmomente, die der Bewegung entgegengesetzt sind und dämpfen daher die Pendelungen. Die Dämpferwicklung ist auch wirksam bei allen plötzlichen Laständerungen der Maschine, etwa bei Spannungsabsenkungen durch Kurzschlüsse im Netz, und vermindert die Gefahr des Außertrittfallens des Generators. Bei Synchronmotoren besteht sie meist aus Messing oder Bronze und ermöglicht den asynchronen Anlauf des Motors. In Bild 1 besteht die Dämpferwicklung aus den massiven Polschuhen und den an beiden Seiten aufgeschraubten Dämpferringsegmenten.

2. *Vollpol-Läufer*

Bei den zweipoligen Turbogeneratoren wird die Erregerwicklung als verteilte Wicklung in Nuten eines walzenförmigen Läufers untergebracht (Vollpolläufer, Induktor,

Turbobauweise, s. Bild 13 und 6). Der Läuferkörper wird meist mit den Wellenenden als ein Stück geschmiedet. Der Rohling des Schmiedestückes wird bei besonders hochbeanspruchten Läufern im Vakuum gegossen. Wegen der hohen Fliehkraftbeanspruchungen wird hochwertiger, vergüteter Stahl (Streckgrenze etwa 55 kp/mm²) verwendet. Ehe der Induktor bearbeitet wird, werden zahlreiche Proben entnommen und untersucht. Durch eine Ultraschallprüfung wird festgestellt, ob Schlackeneinschüsse vorhanden sind.

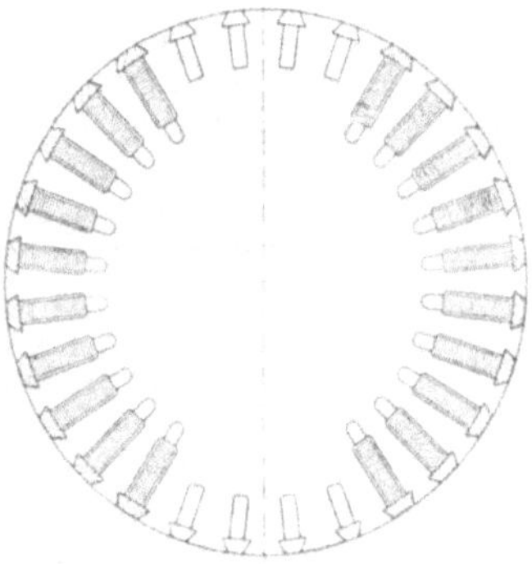

Bild 13. Querschnitt durch den Läufer eines Turbogenerators.

Vor und nach der Bearbeitung wird der Induktor auf einer Warmlaufbank unter ständigem Drehen in etwa 40 Std. auf 400° aufgeheizt und dann langsam wieder abgekühlt. Dabei wird dauernd der Schlag gemessen. Die

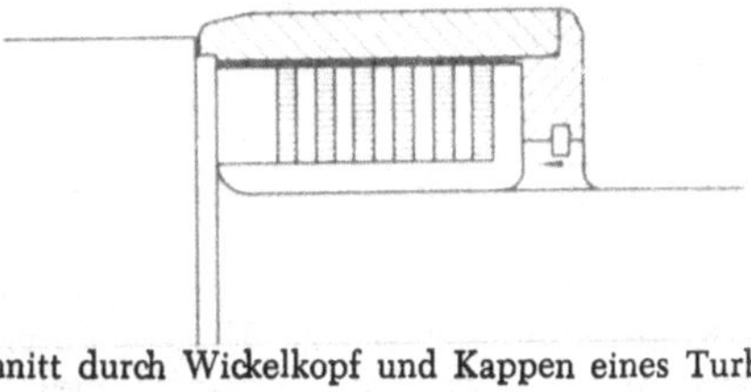

Bild 14. Schnitt durch Wickelkopf und Kappen eines Turbogenerators.

inneren Spannungen des Schmiedestückes werden hierdurch abgebaut, was an den Änderungen der Schlagwerte messend verfolgt werden kann.

Die Erregerspulen bestehen aus Flachkupfer, sie liegen innerhalb der Nuten in Isolierkästen aus Glasgewebe, das mit ausgehärteten Kunstharzen (z. B. Epoxydharz) verfestigt ist. Auch asbesthaltige Materialien werden verwendet. Sie werden im Bereich der Nuten durch Keile (Bronze oder Duraluminium) gehalten. Außerhalb der Nuten werden die „Wickelköpfe" durch Kappen aus unmagnetischem, kaltgerecktem Chrom-Mangan-Stahl sehr hoher Festigkeit (Streckgrenze etwa 90 kp/mm^2) gehalten (Bild 14).

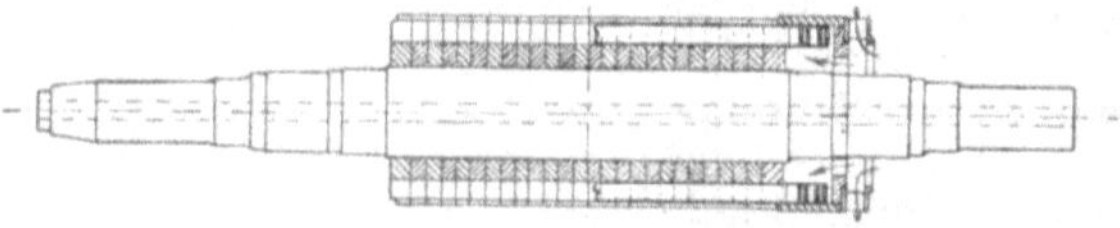

Bild 15. Plattenläufer eines Turbogenerators.

Neben diesen „Monoblock"-Läufern findet der in Bild 15 dargestellte Plattenläufer Verwendung. Dem Vorteil des kleineren Schmiedestückes steht ein erhöhter Aufwand an Bearbeitung gegenüber. Beim Parallelnutläufer (Bild 16) sind die Nuten nicht radial, sondern parallel zueinander eingefräst, und die Erregerspulen werden geradlinig an der

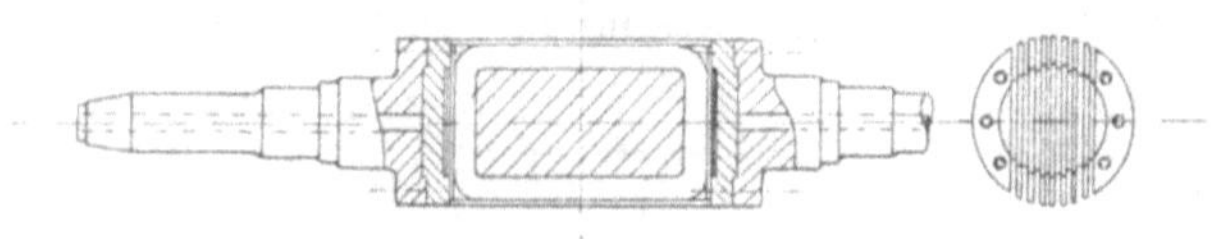

Bild 16. Parallelnutläufer eines Turbogenerators.

Stirnseite des Läufers entlang geführt. Sie gehen also durch den Raum, der bei einem Walzenläufer von der Welle eingenommen wird. Deshalb muß hier die Welle durch zwei angeschraubte Wellenstummel ersetzt werden. Diese müssen durch Zwischenlagen aus unmagnetischem Stahl vom eigentlichen Läuferballen getrennt werden, weil sie sonst die Erregerwicklung magnetisch kurzschließen würden.

b) Schleifringe und Bürsten

Die Zuführung des Stromes zur Erregerwicklung geschieht durch zwei Schleifringe, die neben dem Polrad auf der Welle angeordnet werden. Die beiden Schleifringe können unmittelbar nebeneinander sitzen (Bild 1), bei großen Wasserkraftmaschinen mit senkrechter Welle auf der besser zugänglichen Seite der Maschine, also meist oben. Sie können auch auf beide Seiten des Läufers verteilt werden (vielfach bei Turbogeneratoren).

Die Schleifringe werden aus Kupfer, Bronze oder Stahl hergestellt. Die Bürsten bestehen aus Kohlen, die aus einem Gemisch von Metallpulver und Graphit gepreßt werden. Solche Bürsten haben eine sehr kleine Übergangsspannung und auch eine kleine Reibungsziffer.

c) Der Ständer und die Belüftung der Maschine

Durch das umlaufende Polrad wird das Ständereisen mit der Nennfrequenz der Maschine ummagnetisiert. Das Ständereisen muß deshalb aus Blechen aufgebaut sein. Verwendet wird meist 0,5 mm dickes Dynamoblech, das beiderseitig lackiert oder einseitig mit Seidenpapier beklebt ist. Segmente aus diesem Blech werden auf Schwalbenschwänze oder Bolzen des Gehäuses versetzt geschichtet. Bleche mit Distanzstegen, die in 4 bis 6 cm Abstand mit eingeschichtet werden, ergeben die Ventilationsschlitze des Blechpaketes. Kräftige Druckplatten und Preßfinger sorgen dafür, daß das Paket axial mit etwa 15 kp/cm² gepreßt wird.

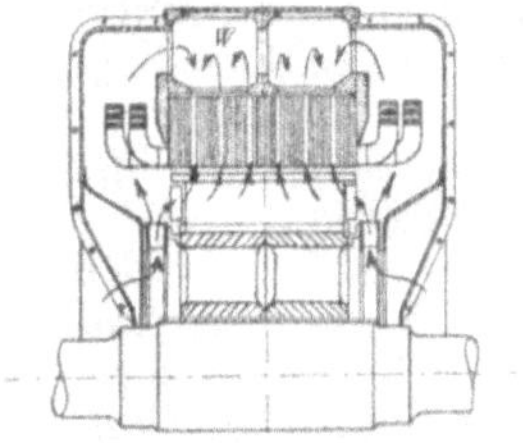

Bild 17. Luftführung einer Schenkelpolmaschine.

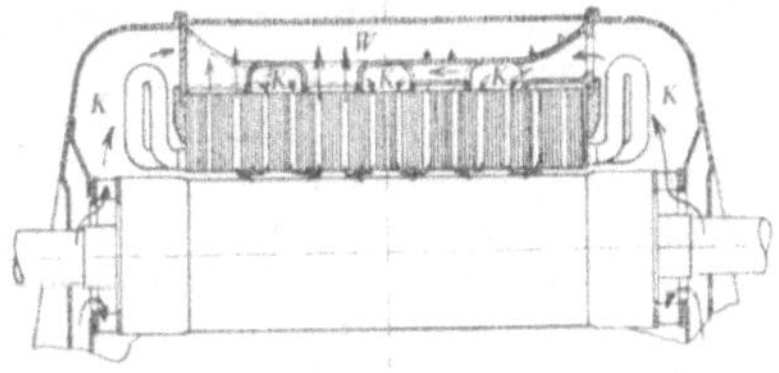

Bild 18. Turbogenerator mit Radialbelüftung; Luftzuführung von außen, Umleitung im Luftspalt.

Das Gehäuse muß bei Maschinen mit großem Durchmesser wegen des Transportes geteilt sein. Die Ausführung als Gußstück (Bild 17) ist heute fast völlig verlassen. Es wird vielmehr aus Walzstahl zusammengeschweißt (Bild 18). Seine Gestalt richtet sich vor allem nach der Wellenlage (waagerecht oder senkrecht), der Lagerung des Läufers (Steh- oder Schildlager) und der Belüftung der Maschine.

Bei Einzelpolmaschinen wirken die Pole selbst als Lüfterflügel. Die Wirkung wird verstärkt durch beiderseits am Läufer angebrachte Lüfter (Bild 1 und 17). Die Kühlluft

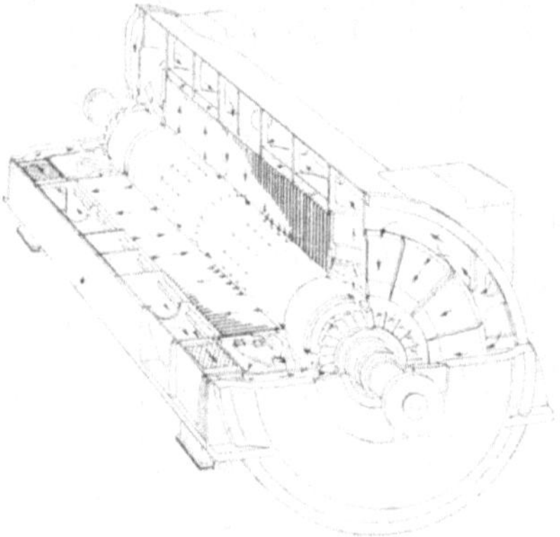

Bild 19. Gasführung in einem wasserstoffgekühlten Turbogenerator.

strömt radial von innen nach außen durch die Kühlschlitze des Blechpaketes. Die Warmluft sammelt sich in dem Ringraum oberhalb der Bleche und wird meist nach unten abgeführt. Bei langen Turbogeneratoren muß das Kühlgas auch von außen an den Ständer herangeführt werden (Bild 18). Die Ständerrückenfläche wird axial in einzelne Abschnitte unterteilt, die abwechselnd mit dem Kaltluftraum K und dem Warmluftraum W in Verbindung stehen.

Nur in seltenen Fällen steht staubfreie Kühlluft zur Verfügung. Bei dem großen Luftbedarf, der mehrere Tausend m³/min betragen kann, werden daher erhebliche Staubmengen durch die Maschine befördert, die zum Verstauben und damit zu unzulässigen Erwärmungen führen können. Ein Kühlluftfilter ist häufig nicht ausreichend. Große Maschinen werden daher stets mit geschlossenem Kühlkreislauf ausgeführt. Die aus der Maschine austretende Warmluft gibt ihre Wärme über Kühler an Kühlwasser ab und wird als Kaltluft der Maschine wieder zugeführt.

d) Wasserstoffkühlung (Schrifttum 12)

Für große Turbogeneratoren, etwa ab 50 MVA Leistung, wird heute fast ausschließlich als Kühlgas Wasserstoff verwendet. Bild 19 läßt den Kreislauf des Wasserstoffes durch die Maschine und die Kühler erkennen. Da Wasserstoff nur etwa ein Zehntel der Dichte der Luft hat, sind die Ventilationsverluste fast ganz vermieden, wodurch der Wirkungsgrad um etwa ½ % erhöht wird. Besonders wirksam ist die direkte Leiterkühlung des Läuferkupfers (Bild 20), bei der dessen Verlustwärme durch Wasserstoff abgeführt wird, der durch Kanäle im Kupfer strömt. Eine wesentliche Leistungssteigerung der Maschinen ist schließlich dadurch erzielt worden, daß die Maschine mit Wasserstoff erhöhten Druckes (etwa 1 ... 3 kp/cm² Überdruck) gefüllt wird.

Damit Explosionen vermieden werden, darf keine Mischung von Wasserstoff und Luft vorhanden sein (höchstens 4 % Luft im Wasserstoff). Will man die Maschine mit Wasserstoff füllen, so wird erst die Luft durch Kohlendioxyd verdrängt und dann Wasserstoff eingelassen. Wichtig ist eine betriebssichere Abdichtung der Wellen beim Austritt aus der Maschine. Die Abdichtung übernimmt Öl, das zwischen Welle und Dichtung gepreßt wird.

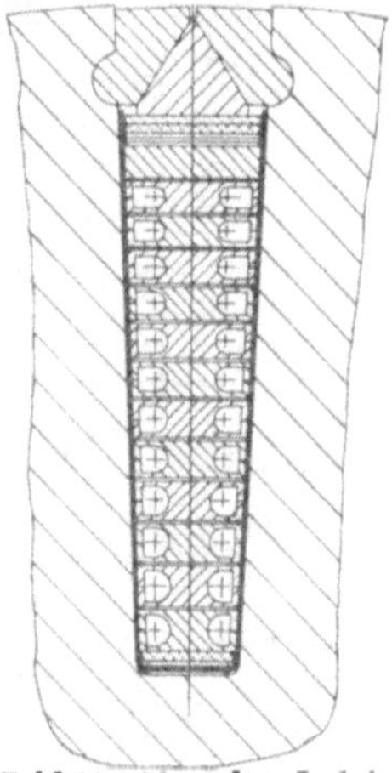

Bild 20. Nut des Induktors eines wasserstoffgekühlten Turbogenerators mit Kühlkanälen im Kupfer für direkte Leiterkühlung.

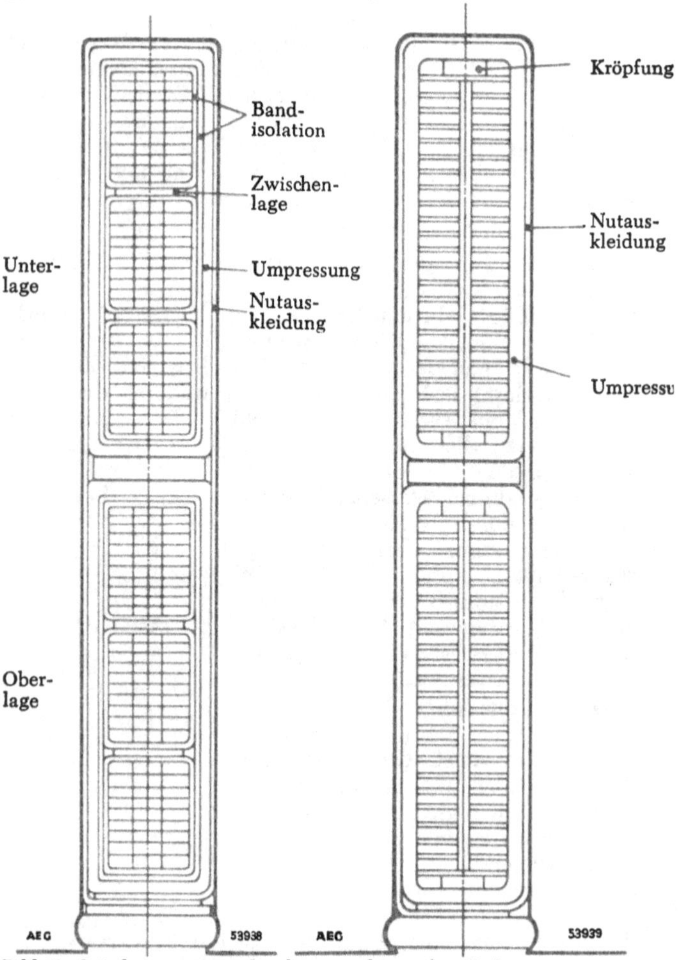

Bild 21. Ständernuten von Synchronmaschinen für Hochspannung mit links: Zweischicht-Formspulenwicklung, rechts: Zweischicht-Stabwicklung.

Bei ganz großen Maschinen ist man dazu übergegangen, auch die Ständerwicklung direkt zu kühlen. Als Kühlmittel kommen hochreines Wasser, Öl und Wasserstoff in Frage. Auch große Blindleistungsmaschinen (Phasenschieber) werden mit Wasserstoffkühlung gebaut. Da sie keinen Antrieb haben, entfällt hier die Wellendichtung.

e) Die Ständerwicklung

Kennzeichnend für die Synchronmaschinen größerer Leistung (schon ab etwa 200 kVA) sind die Ständerblechpakete

Bild 22. Wickelköpfe eines Wasserkraftgenerators mit Zweischicht-Stabwicklung.

mit offenen Nuten, in die vorgefertigte und fertig isolierte Spulen oder Stäbe eingelegt werden, und zwar werden fast ausschließlich zweischichtige Wicklungen ausgeführt (Bild 21). Bild 22 zeigt die Ausbildung der Wickelköpfe bei Stabwicklung. Große Maschinen werden stets für Hochspannung (z. B. 6,3 kV, 10,5 kV, 15,75 kV) ausgeführt. Offene Nuten erhöhen die zur Magnetisierung des Luftspaltes erforderliche Durchflutung. Dies ist bei Synchronmaschinen tragbar, da die Magnetisierung von der Erregerwicklung geliefert wird und die Maschine mit Rücksicht auf ein ausreichendes Kurzschlußverhältnis einen relativ großen Luftspalt erhalten muß. Asynchronmotoren erhalten vergleichsweise kleine Luftspalte und meist halbgeschlossene Nuten, da die Magnetisierung vom Ständerstrom her erfolgt und hoher Magnetisierungsstrom den Leistungsfaktor verschlechtert.

Die Entscheidung, ob Spulen- oder Stabwicklung gewählt wird, richtet sich nach der Stromstärke der Maschine. Bei kleineren Strömen sind nur Spulenwicklungen mit mehreren Windungen je Spule möglich (Bild 21 links). Ist jedoch der Strom so groß, daß er einer halben Nutdurchflutung entspricht, so kann eine Zweischichtstabwicklung (Bild 21 rechts) oder bei vielpoligen Maschinen eine Spulenwicklung mit mehreren parallelen Zweigen ausgeführt werden. Die Stabwicklung hat den Vorteil, daß Windungsschlüsse innerhalb der Nut nicht möglich sind; die einzelnen Stäbe sind bei Reparaturen leichter auszubauen als Spulen.

Bei Stabwicklungen für kleinere Stromstärken können massive rechteckige Leiter verwendet werden. Meist sind die Stromstärken jedoch so groß, daß das Nutenstreufeld in massiven Leitern sehr erhebliche Wirbelströme und damit untragbare zusätzliche Verluste hervorrufen würde. Es werden deshalb Kunststäbe verwendet, die aus vielen, gegeneinander isolierten Einzelleitern zusammengesetzt und an beiden Seiten miteinander verlötet sind. Die Einzelleiter

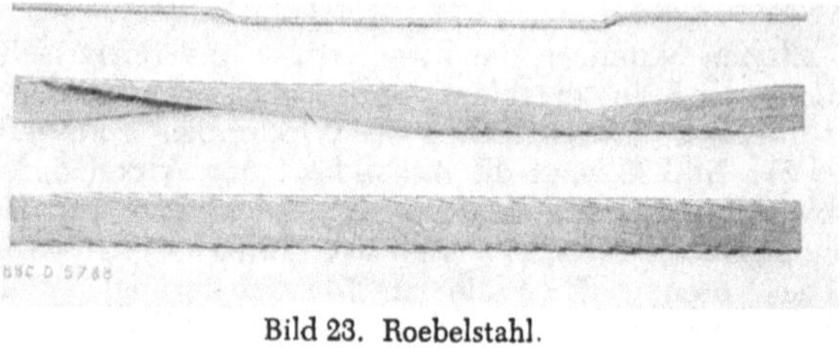

Bild 23. Roebelstahl.

werden innerhalb der Nut so verdrillt, daß das Nutenstreufeld in den aus zwei beliebigen Leitern gebildeten Schleifen keine Spannung induziert. Bild 23 zeigt den heute fast ausschließlich verwendeten Roebelstab.

Die Grundlage der Hochspannungsisolation gegen Eisen ist der Glimmer. Dieser wird entweder in Form von Glimmerplättchen (Splittings) oder in feinst-aufgeschlossener Form als Glimmerpapier verwendet. Glimmersplittings werden auf einen Träger (Papier oder Glasgewebe) aufgebracht und mit einem Bindemittel aufgeklebt. Geeignete Bindemittel sind Schellack, Asphalt oder neuerdings in steigendem Maße in der Wärme aushärtende Kunstharze. Auch Mischungen aus diesen Stoffen werden verwendet. Diese Mikafolien werden auf den geraden Teil der Formspulen oder Stäbe aufgebügelt. Jede einzelne Lage wird beim Aufwickeln erwärmt und angepreßt. Dabei wird das Bindemittel flüssig und die einzelnen Lagen werden gut miteinander verklebt. In einer Warmpresse wird der Stabquerschnitt auf die endgültige Form gebracht und das Bindemittel, insbesondere die Kunstharze, ausgehärtet. In ähnlicher Weise werden auch Folien aus Glimmerpapier verwendet. Diese Spulenisolation muß an den Stirnseiten über die Eisenpaketlänge hinausgehen, um einen ausreichenden „Kriechweg" zu erzielen. Die außerhalb des Eisens liegenden Wickelköpfe werden mit Bändern isoliert.

Eine durchlaufende Isolation des geraden Teiles und der Wickelköpfe wird erreicht, wenn man die ganze Spule mit glimmerhaltigen Bändern bewickelt. Die Technik dieser Bandisolationen ist sehr mannigfaltig. Vorwiegend werden als Bindemittel flüssige Kunstharze verwendet, die in der Wärme ausgehärtet werden.

Bei Hochspannungswicklungen ist es wichtig, dielektrisch beanspruchte Luftschichten zu vermeiden, in denen Glimmentladungen auftreten können. Unter dem Einfluß solcher Entladungen entstehen Stickoxyde, die mit Feuchtigkeit salpetrige Säuren bilden. Glimmentladungen können auf die Dauer die Isolation schädigen. Spulenwicklungen werden daher vor dem Umbügeln mit Kompoundmassen gefüllt, am besten im Vakuum „kompoundiert“. Bei Stäben genügt ein Einstreichen mit Schellack oder flüssigem Kunstharz. Dem gleichen Zweck dient der sogenannte „Glimmschutz“, eine auf der Oberfläche des isolierten Stabes aufgebrachte schlechtleitende Schicht, die den Luftraum zwischen Spule und Nutwandung dielektrisch kurzschließt.

Bei größeren Maschinen müssen die Wickelköpfe gegen die Stromkräfte gesichert werden. Diese sind bei betriebsmäßiger Belastung gering. Im Falle eines plötzlichen Kurz-

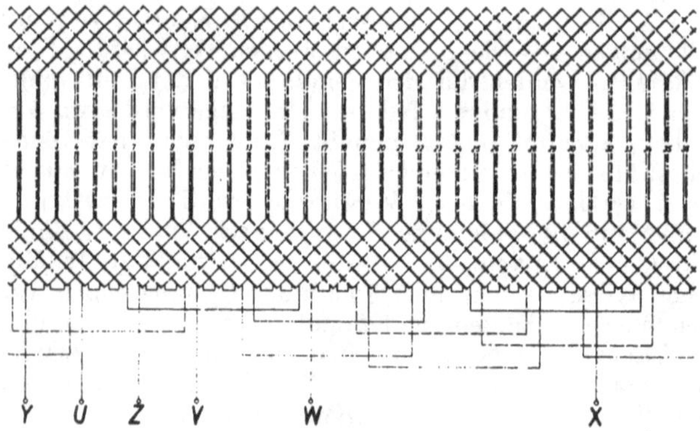

Bild 24. Wicklungsschema eines Ständers mit Zweischicht-Formspulen; $m = 3$, $2p = 4$, $q = 3$, $y = 7$.

schlusses führt die Ständerwicklung jedoch kurzzeitig ein Vielfaches des Nennstromes. Da die Stromkräfte quadratisch mit dem Strom wachsen, treten sehr erhebliche Kräfte zwischen den Spulenköpfen auf. Diese sind besonders groß bei Maschinen mit großen Polteilungen. Bei den Zweischichtwicklungen werden zwischen die Spulenköpfe Klötze eingelegt, so daß die Wicklung ein Gewölbe bildet, das mechanisch fest ist (Bild 22). Weiterhin sind umlaufende Halteringe vorgesehen, an die die Wickelköpfe angebunden werden.

III. Theorie der Synchronmaschine

a) Das Wicklungsschema der Drehstrom-Synchronmaschine

Das Wicklungsschema einer Maschine mit $m = 3$ Phasen, $2p = 4$ Polen und $q = 3$ Nuten je Pol und Phase für eine Zweischicht-Spulenwicklung zeigt Bild 24. Die Nutzahl beträgt

$$N = m \cdot 2p \cdot q, \tag{2}$$

also

$$3 \cdot 4 \cdot 3 = 36 \text{ Nuten.}$$

Alle Spulen haben die gleiche Form. Die Spulenweite wird stets kleiner als eine Polteilung, meist etwa 80 % der Polteilung ausgeführt. Sie beträgt im Bild 7 Nutteilungen ($y = 7$). Solche Wicklungen werden gesehnte Wicklungen oder Wicklungen mit Schrittverkürzung genannt. Sie ergeben eine bessere Spannungskurve als „Durchmesserwicklungen" mit $y = 3q$.

Jede Phase besetzt mit ihren q Nuten ein Drittel der Polteilung der Maschine. Da zwei Polteilungen einer Periode der Maschine entsprechen, entspricht die Breite der Spulengruppe 60°. Die Phaseneingänge U und V liegen in Umlaufrichtung des Polrades um 120°, also $^2/_3$ Polteilung auseinander. Bezeichnet man die Spulenseiten, in denen ein in die Klemmen U, V und W hineingeschickter Strom von vorne nach hinten fließt, mit I, II und III und die mit entgegengesetzter Stromrichtung mit I', II' und III', so ist die Folge der Spulengruppen in Umlaufrichtung des Polrades bei allen Drehstrommaschinen I, III', II, I', III, II'.

Wir werden weiter unten sehen, daß eine hohe Nutzahl (Lochzahl) je Pol und Phase q eine besonders gute Spannungskurve der Maschine ergibt. Wegen dieser großen Bedeutung von q nennt man eine Wicklung mit $q = 3$ eine „Dreilochwicklung". Bei Synchronmaschinen ist nun q keineswegs auf ganze Zahlen beschränkt. Neben „Ganzlochwicklungen" werden sehr häufig „Bruchlochwicklungen" verwendet. Sie ergeben besonders gute Spannungskurven und erleichtern den Entwurf der Maschine. So mag eine Dreilochwicklung eine zu feine, eine Zweilochwicklung eine zu grobe Nutteilung ergeben. Man wird dann mit der „Zweieinhalblochwicklung" mit $q = 2\frac{1}{2} = 5/2$ einen günstigeren Entwurf erhalten. Die Spannungskurve entspricht hinsichtlich Oberwellengehalt etwa der einer „Fünflochwicklung“.

Allgemein sei für eine Bruchlochwicklung

$$q = \frac{\text{Zähler}}{\text{Nenner}} = \frac{z}{n}. \tag{3}$$

Es sei vorausgesetzt, daß z und n keinen gemeinsamen Teiler haben. Hinsichtlich des Nenners bestehen gewisse Beschränkungen. Zunächst darf n den Faktor 3 nicht enthalten. Bei einer 4/3-Lochwicklung hätte man 4 Nuten je Pol und es wäre nicht möglich, die Nuten der Maschine auf die drei Phasen so zu verteilen, daß die Spannungen der drei Phasen jeweils gleich und um 120° elektrisch phasenverschoben sind. Da die Spulenzahl je Phase $2\,p \cdot q$ ist, ist die kleinste, mit einer n-tel-Lochwicklung ausführbare Polzahl $2\,p = n$. In dieser so entstehenden Urwicklung sind alle Spulen in Reihe zu schalten. Werden noch a parallele Zweige gefordert, so ist die kleinste ausführbare Polzahl $2\,p = a \cdot n$. Natürlich sind auch Vielfache der kleinstmöglichen Polzahl ausführbar. Mit g = ganze Zahl gilt also $2\,p = g \cdot a \cdot n$ oder

$$n = \frac{2\,p}{a \cdot g}. \tag{4}$$

Das sich so ergebene n muß ganzzahlig und darf nicht durch 3 teilbar sein.

Beispiele: Für $2\,p = 14$ sind für a und n 14, 7, 2 und 1 möglich.

Für $2\,p = 18$ sind für a 18, 9, 6, 3, 2 und 1, für n jedoch nur 2 und 1 möglich.

In beiden Fällen können jedoch nicht beliebige Kombinationen von a und n gewählt werden. Vielmehr muß stets $a \cdot n \leqq 2\,p$ sein.

Bild 25 zeigt das Wicklungsschema einer Zweischicht-Stabwicklung mit $q = 2\frac{1}{2}$. Die Wicklung ist als Wellenwicklung ausgeführt ($y_1 = 6$, $y_2 = 9$), wobei nach jedem

Umlauf ein verkürzter Schnitt $y_2 = 8$ eingelegt ist. Die Wicklung führt zunächst dreimal um die Maschine herum. Es folgt dann eine Schaltverbindung zu dem rückläufigen Wellenzug, der zweimal um die Maschine herumführt.

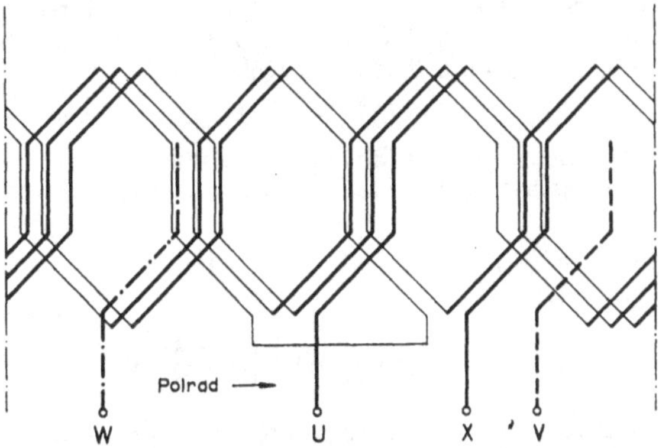

Bild 25. Zweischicht-Stabwicklung; $m = 3$, $2p = 4$, $q = 2^1/_2$, $y_1 = 6$, $y_2 = 9$. Nur die Phase UX ist ausgezeichnet, die Phasenanfänge V und W sind angedeutet.

b) Die induzierte Spannung

1. *Ganzlochwicklungen*

Wir betrachten zunächst die von dem umlaufende Feld in einer am Umfang des Ankers liegenden einwindigen Spule beliebiger Weite W induzierte Spannung. Allgemein ist diese

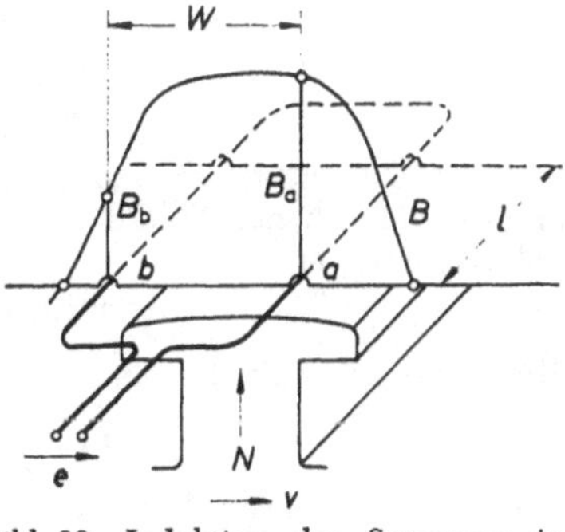

Bild 26. Induktion der Spannung in einer Windung von beliebiger Weite W.

(5) $e = -\mathrm{d}\Phi/\mathrm{d}t$,

worin Φ der mit der Spule verkettete Fluß ist. Da sich der am Polrad haftende Fluß nicht ändert, tritt die Flußänderung nur durch die relative Bewegung von Fluß und Leiter auf. Beide Leiter a und b (Bild 26) bewegen sich im Fluß mit der Geschwindigkeit v nach links, durch die Bewegung des Leiters a verkleinert sich der Spulenfluß während des Zeitelementes $\mathrm{d}t$ um $B_a\, l\, v\, \mathrm{d}t$, durch die Bewegung von b vergrößert er sich um $B_b\, l\, v\, \mathrm{d}t$. Daher wird

$$e = l\, v\, (B_a - B_b)\,. \tag{6}$$

Wir betrachten zunächst die von der Grundwelle des Flusses indizierte Spannung e_1 und setzen willkürlich $B_{a1} = B_1 \sin \omega t$. Dann wird

$$B_{b1} = B_1 \sin\left(\omega t - \frac{W}{\tau_p} \cdot 180^\circ\right)$$

und

$$e_1 = 2\, l\, v \sin\left(\alpha t - \frac{W}{\tau_p} \cdot 90^\circ\right) \sin\left(\frac{W}{\tau_p} \cdot 90^\circ\right). \tag{7}$$

Der letzte Faktor heißt der Sehnungsfaktor der Grundwelle

$$\xi_{s1} = \sin\left(\frac{W}{\tau_p} \cdot 90^\circ\right) = \sin\left(\frac{y}{3\,q} \cdot 90^\circ\right). \tag{8}$$

Er ist bei Durchmesserwicklung gleich Eins. Die Grundwelle des magnetischen Flusses je Polteilung ist

$$\Phi_1 = \frac{2}{\pi} B_1\, l\, \tau_p \tag{9}$$

und die Umfangsgeschwindigkeit v, am Ankerumfang gemessen, da sich das Polrad in jeder Periode um zwei Polteilungen bewegt

$$v = 2\, \tau_p\, f\,. \tag{10}$$

Hiermit ergibt sich der Effektivwert von e_1 zu

$$E_{w1} = \pi \sqrt{2}\, f\, \Phi_1\, \xi_{s1}\,. \tag{11}$$

Bei einer Ganzlochwicklung mit der Lochzahl q je Pol und Phase liegen die Spulen der Polleitung in q Nuten nebeneinander, die um den elektrischen Winkel $180°/(3\,q)$ gegeneinander verschoben sind (Bild 27). Um die Spannung der Grundwelle E_1 je Strang zu erhalten, hat man daher

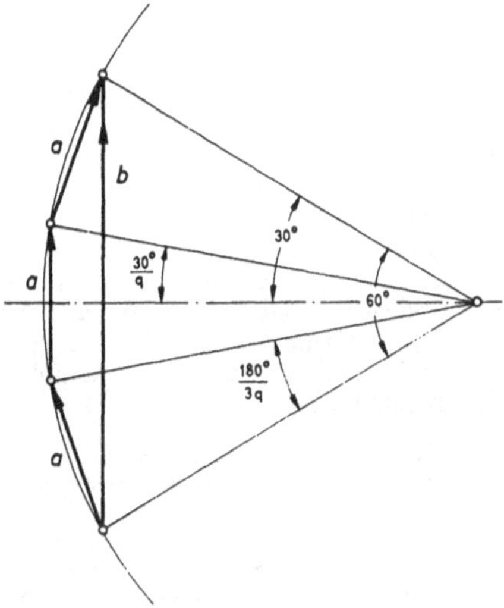

Bild 27. Ermittlung des Zonenfaktors einer Ganzlochwicklung (gezeichnet für $q = 3$).

die Spannung nach Gleichung (11) einmal mit der Windungszahl je Strang w und dann noch mit dem Zonenfaktor ξ_{z1} zu multiplizieren.

$$E_1 = \pi \sqrt{2}\, f\, \Phi_1\, w\, \xi_{s1}\, \xi_{z1}\,. \tag{12}$$

Nach Bild 27 ist

$$\xi_{z1} = \frac{b}{q \cdot a} = \frac{\sin 30°}{q \cdot \sin \dfrac{30°}{q}}\,. \tag{13}$$

Für die n-te Harmonische der Feldkurve mit der Induktion B_n gelten entsprechende Überlegungen. In den Formeln (8) und (13) werden die Winkel auf das n-fache vergrößert. Man erhält so

$$\xi_{sn} = \sin\left(n \frac{y}{3 \cdot q} \cdot 90^\circ\right) \tag{8a}$$

und

$$\xi_{zn} = \frac{\sin(n \cdot 30^\circ)}{q \cdot \sin\left(n \dfrac{30^\circ}{q}\right)} . \tag{13a}$$

Das Produkt

$$\xi = \xi_s \cdot \xi_z \tag{14}$$

heißt Wicklungsfaktor.

Der Sehnungsfaktor und der Zonenfaktor für die höheren Harmonischen sind im allgemeinen sehr viel kleiner als für die Grundwelle. Die Wicklung wirkt als „Oberwellensieb" und liefert eine Spannungskurve, die sehr viel besser ist als die Feldkurve. Für den Zonenfaktor ist das aus der nachstehenden Tafel ersichtlich.

Tafel der Zonenfaktoren ξ_{zn}

Ordnungszahl n	Lochzahl je Pol und Phase q				
	1	2	3	4	∞
1	1	0,966	0,960	0,958	0,955
5	1	0,259	0,217	0,204	0,191
7	1	— 0,259	— 0,178	— 0,157	— 0,136
11	1	— 0,966	— 0,178	— 0,126	— 0,087
13	1	— 0,966	0,217	0,126	0,073
17	1	— 0,259	0,960	0,157	0,056
19	1	0,259	0,960	— 0,204	— 0,050

Insbesondere ist es möglich, durch die Sehnung gewisse Oberwellen weitgehend oder ganz auszusieben. Bei 80 % Schritt wird der Sehnungsfaktor der 5-ten Harmonischen

$$\sin 5 \cdot 0{,}8 \cdot 90^\circ = \sin 360^\circ = 0.$$

Man wählt daher gerne Spulweiten, die in der Nähe von 5/6 der Polteilung liegen und unterdrückt so weitgehend die 5-te und 7-te Harmonische der Spannungskurve. Von Bedeutung ist jedoch, daß die Faktoren der sogenannten Nutharmonischen ($n = 6\,q \pm 1$) gleich denen der Grundwelle sind. Die Nutharmonischen werden also durch die Ganzlochwicklung nicht ausgesiebt. Sie werden noch dadurch verstärkt, daß die Feldkurve durch die offenen Nuten gestört ist. Aus diesem Grunde wird bei Maschinen mit Ganzlochwicklung und relativ zur Nutöffnung kleinem Luftspalt entweder das Ständerblechpaket oder der Polschuh um eine Nutteilung geschrägt oder die Polschuhe um eine halbe Nutteilung gestaffelt (Bild 28).

Auch bei Bruchlochwicklung wird häufig geschrägt. Man vermindert damit wirksam das magnetische Geräusch der Maschine.

Da die Feldkurve aus Symmetriegründen nur Harmonische ungerader Ordnungszahl enthält, sind in der Tafel auch nur diese aufgeführt. Ferner fehlen die Ordnungszahlen $n = 3, 9, 15 \ldots$ In den Phasen der Wicklung werden diese Spannungen wohl induziert, sie haben jedoch in allen Phasen die gleiche Phasenlage

$$(3 \times 120° = 360°,$$
$$9 \times 120° = 3 \times 360° \ldots).$$

Da die verkettete Spannung einer sterngeschalteten Maschine gleich der Differenz der Phasenspannungen ist, treten sie an den Klemmen nicht in Erscheinung.

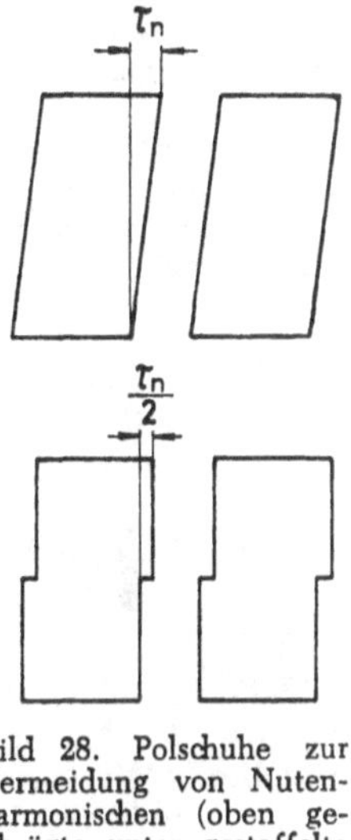

Bild 28. Polschuhe zur Vermeidung von Nutenharmonischen (oben geschrägte, unten gestaffelte Polschuhe).

Gelegentlich, insbesondere bei Synchronmotoren für Stern-Dreieck-Anlauf, läßt sich eine Dreieckschaltung der

Synchronmaschine nicht vermeiden. In diesem Falle treibt die dritte Harmonische einen Strom ihrer Frequenz im Dreieck herum, dessen Spannungsabfall je Phase gleich der induzierten Spannung ist. Die dritte Harmonische tritt daher an den Klemmen auch nicht auf. Der Kreisstrom hat jedoch erhebliche Verluste zur Folge. Solche Maschinen werden daher mit einem Spulenschritt von genau $^2/_3$ Polteilung ausgeführt, so daß schon in der Phasenspannung die dritte Harmonische nicht induziert wird.

2. *Zweischicht-Bruchloch-Wicklungen*

Der Sehnungsfaktor der Bruchlochwicklung ist durch die Spulenweite nach Formel (8) gegeben. Zur Bestimmung des Zonenfaktors bedient man sich zweckmäßig des in

Pol I	1				2				3				4		
	o				o				+				x		
Pol II		5				6				7				8	
		o				+				+				x	
Pol III			9				10				11				12
			o				+				x				x
Pol IV				13				14				15			
				o				+				x			
Pole I.....IV	o	o	o	o	o	+	+	+	+	+	x	x	x	x	x

Bild 29. Lagenschema der Nuten einer Bruchlochwicklung; $m = 3$, $2p = 4$, $q = 1^1/_4 = {}^5/_4$, $N = 15$.

Bild 29 für eine $1^1/_4$ Lochwicklung gezeichneten Lagenschemas der Nuten. Die Wicklung $q = 1^1/_4 = {}^5/_4$ hat je Polteilung $^{15}/_4$ Nuten. Man teilt daher die Polteilung in 15 Teile und trägt in Abständen von 4 Kästchen die Nuten ein. Es genügt, das Schema für 4 Polteilungen zu zeichnen, da es sich danach wiederholt. Dann wird für eine Lage die Zugehörigkeit zu den Phasen gekennzeichnet und die Lagen unterhalb des Schemas zusammengezogen. Man sieht, daß die Nuten einer Phase 5 verschiedene Lagen haben. Der Zonenfaktor ist daher gleich dem einer 5-Loch-Wicklung.

c) Das Erregerfeld der Synchronmaschine

In der belasteten Synchronmaschine sind zwei Durchflutungen wirksam, die der Feldwicklung und die der Ankerwicklung. Beide sind bei Nennlast von gleicher Größenordnung. Wir betrachten die von beiden Wicklungen im Luftspalt, d. i. in dem Raum zwischen Ankerbohrung und Pol erregten Felder, getrennt, wobei zunächst die Sättigung der Eisenwege vernachlässigt wird.

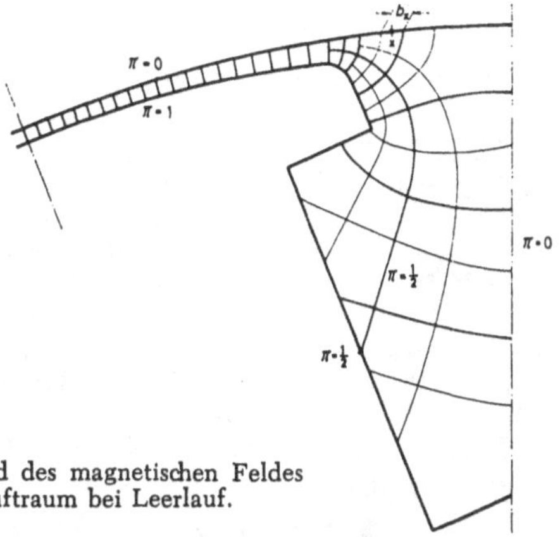

Bild 30. Bild des magnetischen Feldes im Luftraum bei Leerlauf.

Bei der Schenkelpolmaschine ist die Erregerwicklung auf dem Polschenkel untergebracht. Wir ersetzen ihre Durchflutung, die wir willkürlich gleich Eins setzen, durch einen flächenförmigen Strombelag der Polschenkel. Dann ist das magnetische Potential Π längs der Bohrung gleich Null, am Polschuh des Nordpoles gleich $+1$, an dem des Südpoles gleich -1. Am Joch ist es gleich Null. Nachdem die Randbedingungen für das magnetische Potential Π gegeben sind, kann unter der Annahme eines ebenen Problems (unendlich lange Maschine) das magnetische Feld im Luftraum zeichnerisch ermittelt werden (Bild 30), indem ein Netz von Kurvenquadraten, gebildet aus Äquipotentiallinien und Feldlinien, gezeichnet wird. Dies ist unter dem Pol einfach. Vom Polhorn bis zur Neutralen wird man zweckmäßig außer den Potentiallinien $\Pi = 0$ und 1 noch weitere, z. B. $\Pi = 1/2$, $1/4$ und $3/4$, heranziehen. Nach einigen Versuchen gelingt es, das Feldbild zu zeichnen. In dem Raum zwischen den Polen kommt es auf eine große Genauigkeit nicht an.

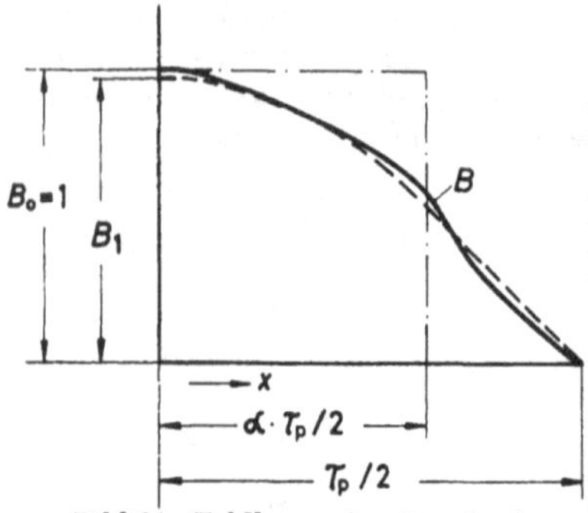

Bild 31. Feldkurve bei Leerlauf.

Die Feldröhre in der Polschuhmitte ($x = 0$) ist nicht unterteilt und hat, da sie quadratisch ist, die Leitfähigkeit 1. Die Feldröhre an Stelle x ist vierfach unterteilt, hat also die Leitfähigkeit $1/4$. Sie führt daher nur ein Viertel des Flusses der ersteren. Die Breiten der Röhren an der Bohrung sind b_0 bzw b_x, wobei b_0 gleich dem Luftspalt δ_0 in Polmitte ist. Mit den Induktionen B_0 und B_x an der Bohrung gilt daher

$$B_0 \delta_0 = 4 B_x \cdot b_x$$

oder

$$B_x = \frac{1}{4} B_0 \cdot \frac{\delta_0}{b_x} . \tag{15}$$

Das Feldbild liefert also die Feldkurve $B = f(x)$ der Maschine. In Bild 31 ist B_0 willkürlich gleich Eins gesetzt worden.

Von der Feldkurve Bild 31 ermitteln wir einmal den Flächeninhalt F und die Amplitude der Grundwelle B_1 und erhalten daraus die beiden für die Theorie der Maschine wichtigen Faktoren ideelles Polbedeckungsverhältnis α und Formfaktor k_f.

Bei der Berechnung des magnetischen Kreises der Maschine berechnet man den Gesamtfluß der Maschine zu

$$\Phi = \alpha B_0 l \tau_p \tag{16}$$

(τ_p = Polteilung, l = [ideelle] Eisenlänge).

Aus der Fläche in Bild 31 erhalten wir unmittelbar

$$\alpha = 2 F/\tau_p . \tag{17}$$

Wir haben oben gesehen, daß in der verteilten Mehrlochwicklung des Ankers die Oberwellen der Feldkurve nur geringe Spannungen induzieren. Die vom Fluß Φ induzierte Spannung ist daher praktisch gleich der von seiner Grundwelle

$$\Phi_1 = k_f \Phi \tag{18}$$

induzierten. Aus

$$\Phi_1 = \frac{2}{\pi} B_1 \tau_p l$$

und

$$\Phi = \alpha B_0 \tau_p l$$

erhalten wir den Formfaktor

$$k_f = \frac{\Phi_1}{\Phi} = \frac{2}{\pi \alpha} \cdot \frac{B_1}{B_0} . \tag{19}$$

Bei Turbogeneratoren ist die Ermittlung der Feldkurve sehr einfach. Die in Nuten verteilte Erregerwicklung ergibt bei dem konstanten Luftspalt der Maschine eine treppenförmige Feldkurve, aus der die Faktoren α und k_f unschwer ermittelt werden können.

d) Felderregerkurve des Ankers

Bei einer ungesehnten Drehstromwicklung entstehen am Ankerumfang in jeder doppelten Polteilung sechs Stromzonen, in denen alle Nuten den gleichen Strom führen. Die einzelnen Wicklungsstränge sind um je $^1/_3$ einer doppelten Polteilung, also um zwei Zonenbreiten gegeneinander versetzt. In Bild 32 sind deshalb die Ströme I_1, I_2, I_3 in der 1., 3. und 5. Zone eingetragen. Die Leiter der dazwischenliegenden Zonen können wir als Rückleitungen auffassen; sie führen die Ströme $-I_1, -I_2, -I_3$.

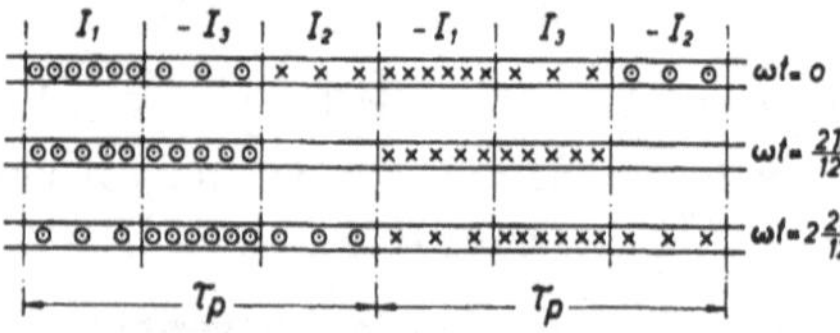

Bild 32. Durchflutungen einer Dreiphasenwicklung.

Die Ströme sind Wechselströme; sie können durch ein Zeigerbild (Bild 33) dargestellt werden. Die Projektion der Zeiger auf eine in einer Periode einmal umlaufende „Zeitlinie“ gibt den Augenblickswert der Ströme an. Mit den Strömen ändert sich in jedem Augenblick auch das magnetische Feld. Einen Überblick über die magnetische Wirkung der Ankerströme können wir uns verschaffen, indem wir bestimmte Augenblicke innerhalb einer Periode der Wechselströme herausgreifen und für jeden dieser Augenblicke die Felderregerkurve zeichnen, deren Neigung immer dem Strombelag der betreffenden Kurve, d. h. der Durchflutung je Längeneinheit des Ankerumfangs proportional ist. Die Durchflutungen sind in Bild 32 dargestellt, und zwar für die drei um je 1/12 einer Periode auseinanderliegenden Augenblicke, für die in Bild 33 die Lage der Zeit-

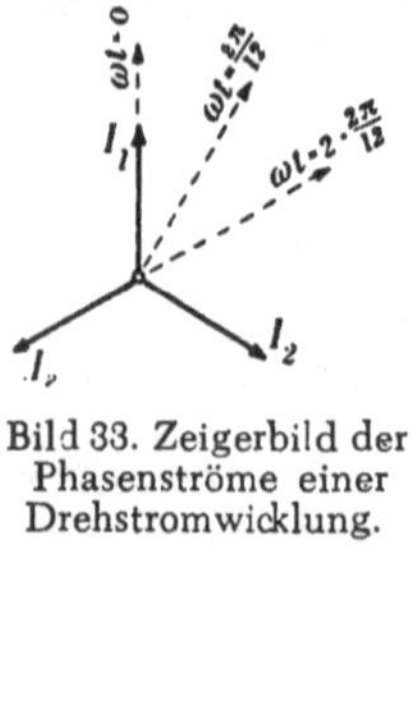

Bild 33. Zeigerbild der Phasenströme einer Drehstromwicklung.

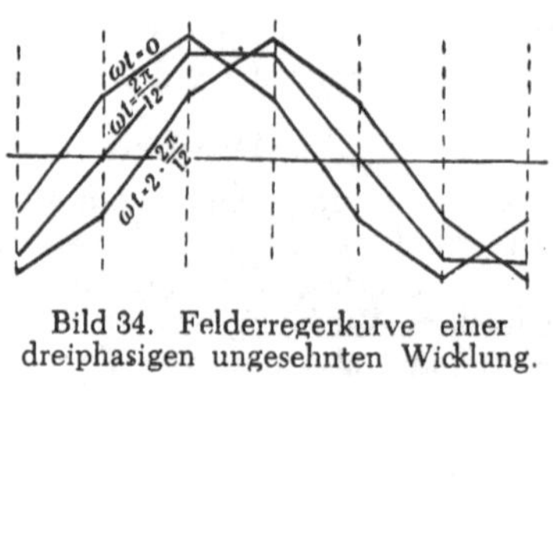

Bild 34. Felderregerkurve einer dreiphasigen ungesehnten Wicklung.

linie eingezeichnet ist. Die aus Bild 33 zu entnehmenden Augenblickswerte der Stromstärken sind in Bild 32 durch die Anzahl der in jeder Zone eingetragenen Stromzeichen angenähert wiedergegeben; die Art der Zeichen gibt außerdem die Richtung der Ströme an. Bild 34 zeigt die daraus abgeleiteten Felderregerkurven. Man sieht, daß diese ihre Form nur wenig verändern, viel mehr dagegen ihre Lage, und daß sie in je $^1/_6$ der Periode um $^1/_6$ der doppelten Polteilung, also mit der Geschwindigkeit $v = 2\,\tau_p\,f$, weiterrücken. Dies ist nach Formel (10) gleichzeitig die Geschwindigkeit des Polrades. Nach je $^1/_6$ der Periode hat die Felderregerkurve wieder dieselbe Form; dazwischen aber ändert sich ihre Form zwischen den beiden in Bild 34 gezeichneten Grenzformen.

Ein solches magnetisches Feld, welches mit fast unveränderter Form und gleichbleibender Geschwindigkeit am Umfang des Ankers entlangläuft, nennt man ein Drehfeld. Wenn man einen dreiphasigen Wechselstrom als „Drehstrom“ bezeichnet, wie allgemein üblich, so hat dies seinen Grund darin, daß ein solcher Strom (ebenso wie jeder andere Mehrphasenstrom, aber im Gegensatz zum einphasigen Wechselstrom) in der soeben gezeigten Weise ein Drehfeld erregt, wenn er eine entsprechende mehrphasige Ankerwicklung durchfließt.

Wenn man die Feldformen in Bild 34 in Grundwelle und Oberwellen zerlegt, so findet man, daß sie alle die gleiche Grundwelle enthalten und daß auch ihre Oberwellen nicht der Größe nach, sondern nur nach ihrer Lage zur Grundwelle verschieden sind. Dadurch allein sind die verschiedenen Formen der Gesamtfelderregerkurve bedingt. Man bekommt deshalb einen besseren Überblick, wenn man die einzelnen Harmonischen (= sinusförmigen Wellen) des Feldes für sich getrennt untersucht.

Zu diesem Zweck geht man am besten von den Elementarfeldern aus, die von einzelnen Nutenpaaren erregt werden. Jedes der p Nutenpaare soll aus zwei um eine Polteilung auseinanderliegenden Nuten bestehen.

Ein solches Nutenpaar mit z_n Leiter je Nut liefert eine räumlich rechteckig verlaufende magnetische Spannung, die zeitlich mit dem Strom, also sinusförmig, pulsiert. Dem Scheitelwert des Stromes $\sqrt{2} \cdot I$ entsprechend ist ihr zeitlicher Höchstwert $1/2 \cdot \sqrt{2}\; I\, z_n/a$. Diese rechteckige Felderregerkurve läßt sich nach Bild 35 in Grundwelle und Oberwellen zerlegen. Der räumliche Höchstwert der Grundwelle ist das $4/\pi$-fache der Rechteckhöhe, also $= 2\sqrt{2}/\pi \cdot I \cdot z_n/a$. Der der n-ten Oberwelle ist ein n-tel von dem der Grundwelle.

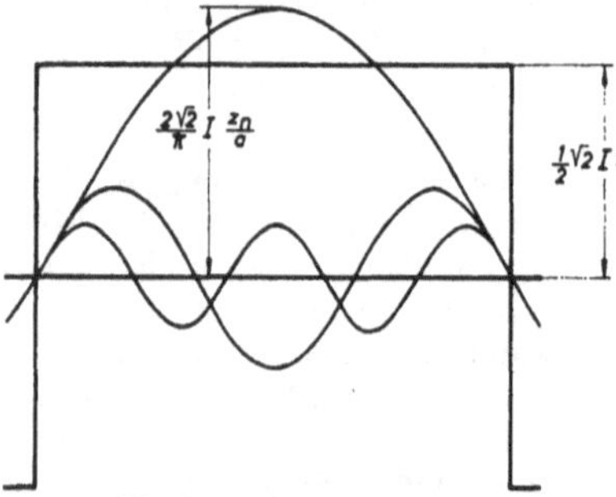

Bild 35. Fourier-Zerlegung eines Rechteckfeldes.

Ein Wicklungsstrang einer Wicklung mit q Nuten je Pol und Phase (q - Loch - Wicklung) erregt q solche Rechteckfelder, die sich überlagern. Die Grundwellen dieser Felder sind um den Winkel $180°/(3\,q)$ gegeneinander verschoben. Den Scheitelwert der resultierenden Felderregerkurve findet man durch geometrische Addition genau wie die resultierende Spannung einer Mehrlochwicklung. Er ist

$$\frac{2\sqrt{2}}{\pi}\, I\, \frac{z_n}{a}\, q\, \xi_{z1} = 0{,}90\, I\, \frac{w}{p}\, \xi_{z1}\,.$$

ξ_{z1} ist wie oben der Zonenfaktor für die Grundwelle nach Gleichung (13), w die Windungszahl je Phase.

Bei einer gesehnten Wicklung muß man auch den Sehnungsfaktor ξ_{s1} nach Gleichung (8) einführen. Der Scheitelwert der Grundwelle des von einem Wicklungsstrang erregten magnetischen Feldes ist dann

$$0{,}90\, I\, \frac{w}{p}\, \xi_{s1}\, \xi_{1z}\,.$$

Die Grundwelle ist ein im Raum stillstehendes Wechselfeld. Dieses läßt sich in zwei Drehfelder mit der halben Amplitude zerlegen, die mit der Geschwindigkeit $v_1 = 2\,\tau_p \cdot f$ nach rechts bzw. nach links umlaufen. Denn zwei Doppelfelder mit dem Scheitelwert B (Bild 36), die sich von einer Ausgangsstellung (Scheitel bei 0) um den Winkel $\omega\, t$ nach rechts bzw. links entfernt haben, geben zusammen immer wieder ein in der Ausgangsstellung verharrendes Feld mit dem Scheitelwert $2\,B \cdot \cos \omega\, t$, also ein Wechselfeld.

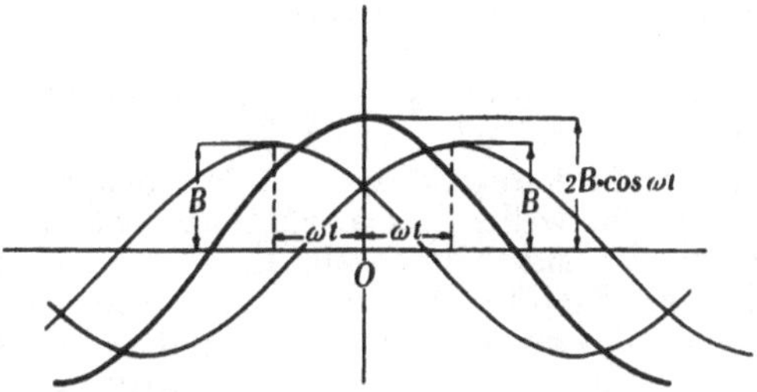

Bild 36. Zerlegung eines Wechselfeldes in zwei Drehfelder.

Wenn der Wicklungsstrang, dessen Strom dem des ersten um 120° nacheilt, am Ankerumfang nach rechts gegenüber dem ersten verschoben ist (bei einer synchronen Maschine also, wenn das Polrad nach rechts umläuft), dann heben sich die drei linksläufigen Drehfelder gegenseitig auf, während sich die drei rechtsläufigen addieren. Der Höchstwert der Grundwelle des resultierenden Drehfeldes ist daher

$$\Theta_{A1} = 0{,}90\,\frac{3}{2}\,I\,\frac{w}{p}\,\xi_{z1}\,\xi_{s1}\,. \tag{20}$$

Wir wollen in dieser Formel den Effektivwert des Strombelages A einführen. Bei einer Dreiphasen-Maschine ist dann die Gesamtdurchflutung des Ankerumfangs $2\,p \cdot \tau_p\; A = 3 \cdot 2 \cdot w \cdot I$. Setzt man dies in Formel (20) ein, so erhält man

$$\Theta_{A1} = 0{,}90 \frac{1}{2} \tau_p A \xi_{z1} \xi_{z1} . \tag{20a}$$

Diese Formel ist sehr ähnlich der von der Gleichstrommaschine her bekannten Formel

$$\Theta_A = \frac{1}{2} \cdot \tau_p \cdot A .$$

Während aber bei der Gleichstrommaschine Θ_A die gesamte Ankerdurchflutung für eine halbe Polteilung bedeutet und der Spitze der dreieckigen Felderregerkurve entspricht, ist bei Θ_{A1} nur die Grundwelle der Ankerfelderregerkurve berücksichtigt. Dadurch ist im wesentlichen der Faktor 0,90 bedingt.

Die in der Felderregerkurve eines Nutenpaares (Bild 35) enthaltenen Oberwellen lassen sich ebenso wie die Grundwellen erst für alle Nutenpaare eines Wicklungsstranges und dann für alle drei Wicklungsstränge zusammenfassen. Doch sind die n-ten Oberwellen zweier benachbarten Nutenpaare nicht mehr um den elektrischen Winkel 180° (3 q), sondern um n 180° (3 q) gegeneinander verschoben. Die geometrische Addition gibt deshalb den Wert

$$\frac{1}{n} \cdot 0{,}90\, I \frac{w}{p} \xi_{zn} \xi_{sn} ,$$

wo ξ_{zn} den Zonenfaktor und ξ_{sn} den Sehnungsfaktor für die n-te Oberwelle bedeuten [vgl. Tafel S. 36 und Formeln (8a) und (13a)].

Die n-te Oberwelle der Felderregerkurve eines Wicklungsstranges läßt sich ebenso wie die Grundwelle in zwei Drehfelder, jedes mit halbem Scheitelwert, zerlegen, die nach rechts und links umlaufen, aber mit der Geschwindigkeit $n_n = v_1/n$. Fügt man nun die Oberwellen der beiden anderen Wicklungsstränge hinzu, so zeigt sich, daß alle Oberwellen, deren Ordnungszahl durch 3 teilbar ist, ganz verschwinden. Von den übrigen Oberwellen bleiben bestehen: die in gleicher Richtung wie das Polrad umlaufende (mitläufige) 7., 13., 19., allgemein (6 g + 1)-te Oberwelle und die entgegengesetzt dem Polrad umlaufende (gegenläufige) 5., 11., 17., allgemein (6 g – 1)-te Oberwelle. g bedeutet eine beliebige ganze Zahl. Der Scheitelwert der wirksamen Durchflutung für die n-te Oberwelle ist

$$\Theta_{A\,n} = \frac{1}{n} \cdot \frac{\xi_{z\,n}\,\xi_{s\,n}}{\xi_{z\,1}\,\xi_{s\,1}} \cdot \Theta_{A\,1} \quad (n = 5, 7, 11, 13\ldots)\,. \qquad (21)$$

Bei einer gesehnten Wicklung mit $q = 3$ und $y = 8$ wird z. B.

$$\Theta_{A\,5} = \frac{1}{5} \cdot \frac{0{,}217 \cdot 0{,}645}{0{,}960 \cdot 0{,}980} \cdot \Theta_{A\,1} = 0{,}030\,\Theta_{A\,1}$$

und

$$\Theta_{A\,7} = 0{,}0093\,\Theta_{A\,1}\,.$$

Die Oberwellen der Felderregerkurve sind also bei einer solchen Wicklung schon sehr klein und auch bei einer ungesehnten Wicklung betragen sie nur wenige Prozente der Grundwelle.

Das von der 5-ten Oberwelle erregte magnetische Feld läuft relativ zum Anker mit einem Fünftel der Geschwindigkeit des Grundfeldes gegenläufig um. Da es jedoch die fünffache Polzahl hat, induziert es in der Ankerwicklung genau wie das Feld der Grundwelle eine Spannung der Grundfrequenz f. Relativ zum Polrad ist seine Geschwindigkeit $^6/_5$ mal Synchrongeschwindigkeit. Es induziert hier Spannungen von der Frequenz $6\,f$. Das Feld wird durch Wirbelströme in der Polschuboberfläche, Ströme in der Feldwicklung und vor allem in der Dämpferwicklung stark geschwächt. Entsprechende Überlegungen gelten für alle Oberwellen. Die Felder der Oberwellen induzieren daher in der Ständerwicklung eine Spannung, die als Streuspannung betrachtet werden kann. Bei der Betrachtung der Ankerrückwirkung brauchen wir sie nicht zu berücksichtigen.

Bei einer Einphasenmaschine oder einphasiger Belastung einer Drehstrommaschine ist das Ankerfeld ein räumlich stillstehendes Wechselfeld, das wieder in zwei Drehfelder zerlegt werden kann. Das mitläufige Feld steht relativ zum Polrad still, das gegenläufige induziert in ihm sehr kräftige Ströme der Frequenz $2f$. Um dieses Feld magnetisch abzudämpfen, erhalten alle Einphasenmaschinen eine sehr kräftige Dämpferwicklung (s. S. 20).

e) Das Ankerfeld und die der Ankerdurchflutung gleichwertige Erregerdurchflutung

1. Vollpolmaschine

Die Grundwelle der Felderregerkurve hat bei Drehstrommaschinen nach Gl. (20) die Größe

$$\Theta_{A1} = 1{,}35\, \xi \frac{w}{p} I .$$

Da der Luftspalt konstant ist, ist das vor ihr erregte Feld sinusförmig; es hat die Amplitude

$$B_{A1} = \mu_0\, \Theta_{A1}/\delta$$

und den magnetischen Fluß

$$\Phi_{A1} = \frac{2}{\pi} B_{A1} \tau_p l = \frac{2}{\pi} \mu_0 \frac{\Theta_{A1}}{\delta} \tau_p l . \qquad (22)$$

Wir fragen nun, welche Erregerdurchflutung den gleichen Grundwellenfluß Φ_{A1} hervorrufen würde, und nennen diese Durchflutung die der Ankerdurchflutung gleichwertige Erregerdurchflutung Θ_{Ae}. Diese erzeugt im Luftspalt eine höchste Induktion von $\mu_0\, \Theta_{Ae}/\delta$, einen Fluß von der Größe

$$\mu_0 \frac{\Theta_{Ae}}{\delta} \alpha \tau_p l$$

mit der Grundwelle

$$\Phi_{A1} = \mu_0 \frac{\Theta_{Ae}}{\delta} \alpha \tau_p l k_f . \qquad (23)$$

Mit Gl. (22) folgt

$$\Theta_{Ae} = \Theta_{A1} \cdot \frac{2}{\pi} \cdot \frac{1}{\alpha k_f} . \qquad (24)$$

Da man sich bemüht, die Felderregerkurve in den Läufern möglichst sinusförmig zu machen, wird mit guter Annäherung

$$\alpha = 2/\pi \quad \text{und} \quad k_f = 1\,,$$

so daß man meist mit $\Theta_{Ae} = \Theta_{A1}$ rechnen kann:

$$\Theta_{Ae} = \Theta_{A1} \cdot 1{,}35\, \xi_1 \frac{w}{p} I\,. \tag{24a}$$

2. *Schenkelpolmaschine*

Die Lage des Ankerfeldes zur Polachse hängt von der Belastung und dem Leistungsfaktor der Last ab. Infolge der Pollücke ist aber das von der Ankerdurchflutung erregte Magnetfeld erheblich von seiner Lage abhängig. Fällt die Amplitude der Felderregerkurve in die Polachse (Längsachse *d*), so ist das Ankerfeld wesentlich größer, als wenn sie in der Mitte der Pollücke (Querachse *q*) fällt. Wir wollen zunächst die gleichwertigen Erregerdurchflutungen für Längs- und Querstellung Θ_{Aed} und Θ_{Aeq} bestimmen. Für die Behandlung der Zwischenstellungen bedienen wir uns dann eines Durchflutungsdiagramms.

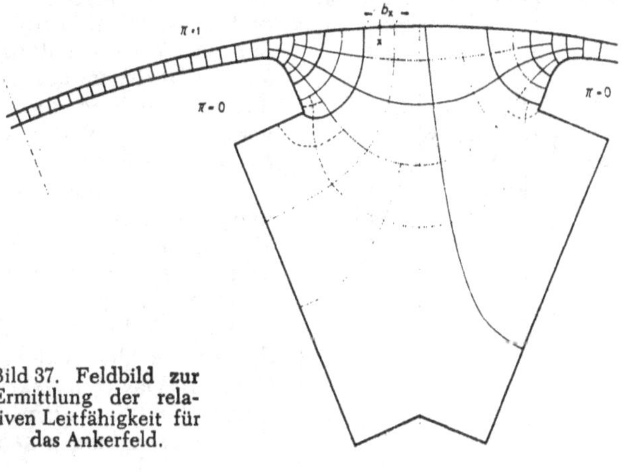

Bild 37. Feldbild zur Ermittlung der relativen Leitfähigkeit für das Ankerfeld.

Es kann allgemein nachgewiesen werden (Schrifttum 7), daß man die vom Ankerfeld erzeugte Induktion B_{Ax} mit großer Annäherung dadurch erhalten kann, daß man jeden Punkt x der Bohrung einem fiktiven Luftspalt δ_x zuordnet:

$$B_{Ax} = \mu_0 \frac{\Theta_{Ax}}{\delta_x} . \tag{25}$$

Das Verhältnis δ_0/δ_x nennt man die relative Leitfähigkeit des Luftspaltes an der Stelle x. Sie kann aus dem zeichnerisch ermittelten Feldbild Bild 37 ermittelt werden, bei dem angenommen ist, daß längs der Bohrung das Potential $\Pi = 1$ und längs des Läuferumfanges das Potential Null beherrscht. Aus diesem Feldbild wird die relative Leitfähigkeit bestimmt. Ist beispielsweise das Potential an der Stelle x vierfach unterteilt, so wird

$$\delta_0/\delta_x = \frac{1}{4}\, \delta_0/b_x . \tag{26}$$

Multipliziert man nun die relative Leitfähigkeit mit der sinusförmigen Durchflutungskurve des Ankers, so erhält man die Feldkurve des Ankerfeldes. In den Bildern 38 und 39 ist die Konstruktion für die Durchflutung $k_A = 1{,}30$ für die Längs- und Querstellung durchgeführt. Der Wert von k_A kann beliebig angenommen werden. Die harmonische Analyse der Feldkurven ergibt die Scheitelwerte der Grundwelle S_d für die Längsstellung (Bild 38) und S_q für die Querstellung (Bild 39). Das vom Anker erregte Feld hat daher in der Längsstellung einen

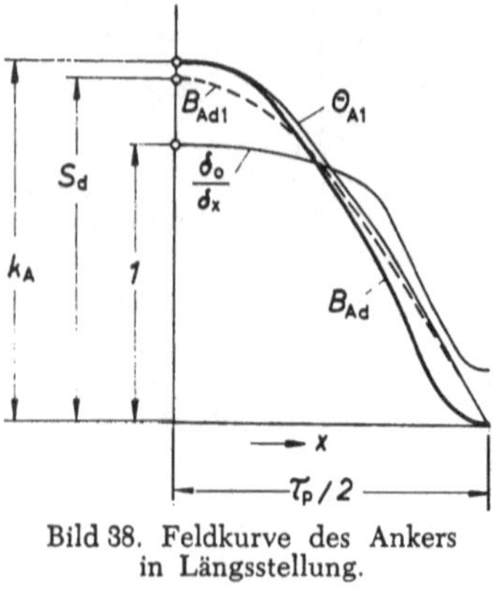

Bild 38. Feldkurve des Ankers in Längsstellung.

Grundwellenfluß

$$\Phi_{A1d} = \frac{\mu_0}{\delta_0} \cdot \frac{\Theta_{A1}}{k_A} \cdot S_d \cdot \frac{2}{\pi} \cdot \tau_p l . \qquad (27)$$

Als gleichwertig bezeichnen wir die Erregerdurchflutung Θ_{Aed}, die einen gleich hohen Grundwellenfluß erzeugt:

$$\Phi_{A1d} = \mu_0 \frac{\Theta_{Aed}}{\delta_0} \alpha k_f \tau_p l . \qquad (28)$$

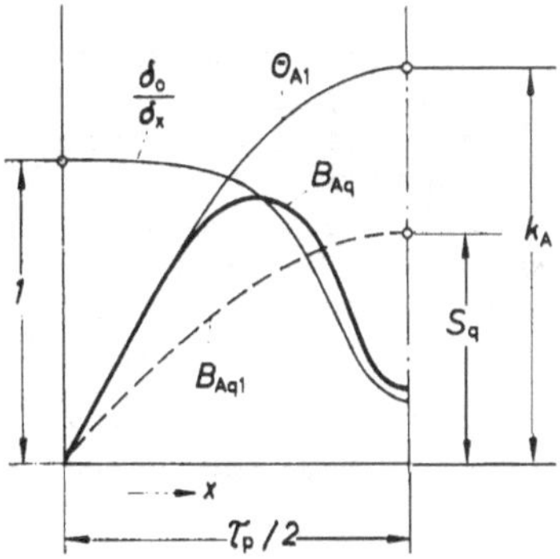

Bild 39. Feldkurve des Ankers in Querstellung.

Daraus folgt

$$\Theta_{Aed} = \Theta_{A1} \cdot S_d \frac{2}{k_A \pi \alpha k_f} = k_d \Theta_{A1} \qquad (29)$$

und entsprechend für die Querstellung

$$\Theta_{Aeq} = \Theta_{A1} \cdot S_q \frac{2}{k_A \pi \alpha k_f} = k_q \Theta_{A1}, \qquad (30)$$

mit

$$\Theta_{A1} = 1{,}35\, \xi \frac{w}{p} I .$$

Graphische Ermittlungen haben für k_d und k_q die Werte der folgenden Tafel ergeben.

Werte von k_d und k_q in Abhängigkeit vom ideellen Polbedeckungsverhältnis α

α	0,60	0,65	0,70	0,75
k_d	0,87	0,85	0,84	0,82
k_q	0,30	0,34	0,39	0,45

f) Die Streufelder

Außer dem Hauptfeld im Luftspalt der Maschine treten noch die Streufelder der Anker- und Feldwicklung in der Maschine auf. Das Streufeld der Ankerwicklung, das die Nutenstreuung, die Streuung der Wickelköpfe und die Felder der höheren Harmonischen der Felderregerkurve des Ankers umfaßt, induziert in der Ankerwicklung die Ankerstreuspannung

$$E_\sigma = I \cdot X_\sigma .$$

Die Streureaktanz X_σ wirkt wie ein Blindwiderstand der Ankerwicklung. Auf ihre Berechnung kann hier nicht ein-

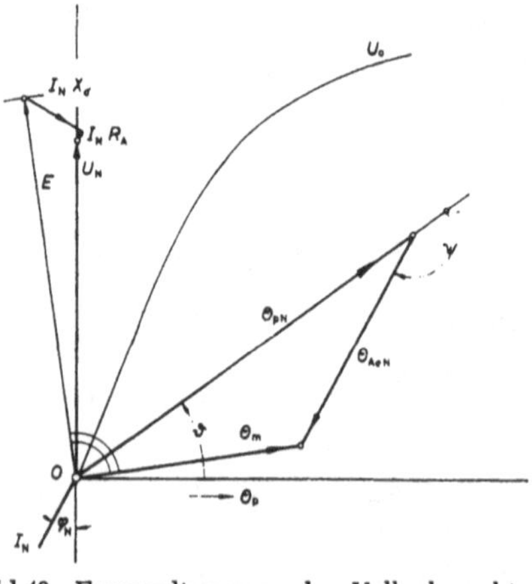

Bild 40. Erregerdiagramm der Vollpolmaschine.

gegangen werden. Es muß hier auf die Spezialliteratur (Schrifttum 2) verwiesen werden. Das Läuferstreufeld der Turbogeneratoren ist gering und kann daher vernachlässigt werden. Bei Schenkelpolmaschinen ist die Polstreuung jedoch erheblich. Der Polstreufluß $\Phi_{\sigma p}$ überlagert sich im Pol dem Hauptfluß der Maschine und bewirkt eine zusätzliche Sättigung der Pole. Hinsichtlich der Berechnung von

$\Phi_{\sigma p}$ muß gleichfalls auf die Literatur verwiesen werden (Schrifttum 2).

g) Das Erregerdiagramm

1. Vollpolmaschine

Bild 40 zeigt das Diagramm eines in Stern geschalteten Turbogenerators. Als Abszisse sind Polraddurchflutungen je Pol $\Theta_p = w_f \cdot I$ (w_f = Windungszahl je Pol, I_f = Erregerstrom), als Ordinate Phasenspannungen aufgetragen. $U_0 = f(\Theta_p)$ stellt die berechnete oder gemessene Leerlaufkennlinie dar. Der Vektor I_N zeigt die Lage des Vektors des Belastungsstromes. Es sei die erforderliche Polraddurchflutung für Nennlast (Spannung U_N, Strom I_N, Leistungsfaktor cos φ_N) zu ermitteln.

Der ohmsche Widerstand der Ankerwicklung sei je Phase R_A, die Streureaktanz X_σ je Phase. Durch die im Bild gezeigte Konstruktion wird aus U_N, $I_N R_A$ und $I_N X_\sigma$ die EMK der Ankerwicklung E ermittelt. Das Luftspaltfeld muß in der Ankerwicklung E induzieren. Die zu seiner Erregung erforderliche Durchflutung Θ_m ermittelt man aus der Leerlaufkennlinie und trägt sie senkrecht zu E auf. Θ_m ist die Resultierende aus der Polraddurchflutung Θ_p und der der Ankerdurchflutung gleichwertigen Erregerdurchflutung. Trägt man also antiparallel zu I_N an Θ_m die Durchflutung Θ_{AeN} an, so erhält man die erforderliche Polraddurchflutung für Nennlast Θ_{pN} nach Größe und Phasenlage.

Der Winkel ϑ stellt die Lagenänderung des Polrades gegenüber Leerlauf dar. Er wird der Lastwinkel des Generators genannt. Das Diagramm zeigt, daß im Generatorbetrieb das Polrad gegenüber der Leerlaufstellung vorgedrückt ist. Das Polrad zieht das magnetische Feld hinter sich her. Daher ist auch das vom Magnetfeld auf das Polrad ausgeübte Drehmoment der Drehrichtung entgegengerichtet, wie es der Leistungsabgabe der Maschine an den Klemmen entspricht. Bei motorischem Betrieb wird der

Lastwinkel negativ, das Magnetfeld zieht das Polrad hinter sich hier (s. Bild 58 und 59).

Der Winkel ψ liefert schließlich die relative Lage zwischen Polachse und Amplitude der Felderregerkurve.

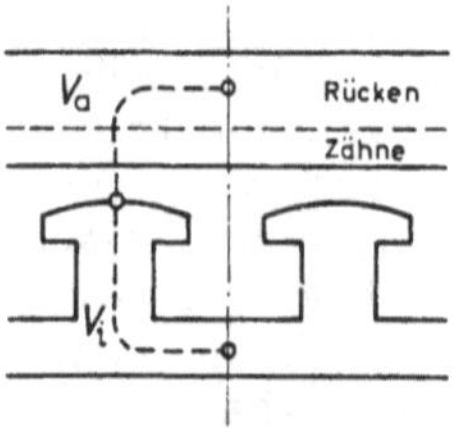

Bild 41. Äußerer und innerer magnetischer Pfad einer Schenkelpolmaschine.

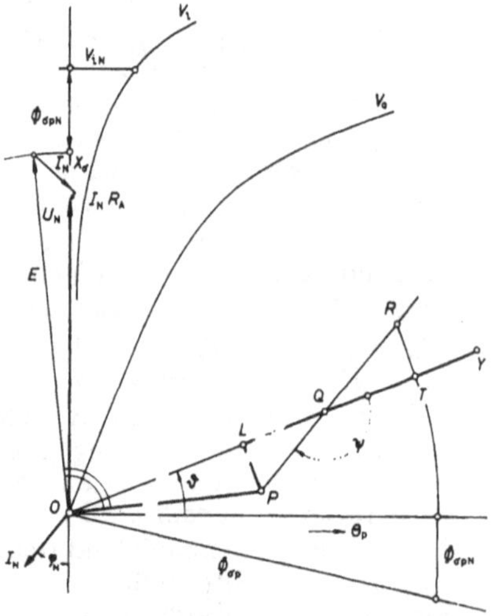

Bild 42. Erregerdiagramm der Schenkelpolmaschine.

2. *Schenkelpolmaschine*

Während die Ankerrückwirkung bei der Volltrommelmaschine unabhängig vom Winkel ψ, d. i. der relativen Lage des Ankerdruckes zur Polachse ist, ist dieses bei der Schenkelpolmaschine nicht mehr der Fall. Die beiden Grenzfälle, Läng- und Querstellung, wurden im Abschnitt III e 2 behandelt.

Wir denken uns daher den sinusförmigen Ankerdruck Θ_{A1} in die Längskomponente

$$\Theta_{Ad} = \Theta_{A1} \cos \psi$$

und in die Querkomponente

$$\Theta_{Aq} = \Theta_{A1} \sin \psi$$

zerlegt. Θ_{Ad} wird im allgemeinen negativ, wirkt also der Polraddurchflutung entgegen.

Zum Ausgleich dieser Durchflutungen benötigen wir die gleichwertige Erregerdurchflutung

$$\Theta_{Aed} = k_d\, \Theta_{A1} \cos \psi$$

in Richtung (oder entgegen) der Polraddurchflutung und

$$\Theta_{Aeq} = k_q\, \Theta_{A1} \sin \psi$$

in der **Querrichtung.**

Die Schwierigkeit besteht nun darin, daß ψ nicht bekannt ist, ehe das Diagramm gezeichnet ist. Hier hilft das in seinen Grundzügen von Blondel angegebene Diagramm des Bildes **42.**

Man berechnet zunächst die magnetische Kennlinie für den „äußeren magnetischen Kreis" $V_a = f(\Phi)$, d. i. die erforderliche Erregerdurchflutung für einen Luftspalt, eine Zahnschicht und den halben Ständerrücken (s. Bild 41). Desgleichen berechnet man V_i für den „inneren magnetischen Kreis", d. i. für einen Pol und ein halbes Läuferjoch, und trägt beide im Spannungsmaßstab (Phasenspannung) in das Diagramm ein (Abszisse V_a und V_i Ordinate U). Desgleichen trägt man die „Streugrade" der Polstreuung d. i. $\Phi_{\sigma p}$, im Spannungsmaßstab als Funktion der Polaurchflutung Θ_p ein.

Aus U_N, $I_N R_A$ und $I_N X_\sigma$ wird die EMK E konstruiert und die zur Magnetisierung des äußeren Kreises erforderliche Spannung V_a senkrecht zu E aufgetragen ($\overline{OP}$). Dann trägt man antiparallel zu I_N $PR = k_d\, \Theta_{A1}$ und $PQ = k_q\, \Theta_{A1}$ auf und zieht die Linie OQ. Fällt man jetzt die Lote von P und R auf OQ, so erhält man die Fußpunkte L und T. OQ gibt jetzt die Lage des Polrades an und OT ist die zur Magnetisierung des äußeren Kreises und zum Ausgleich der Ankerdurchflutung erforderliche Poldurchflutung. Der Winkel TQP ist schließlich der Winkel ψ zwischen Polachse und Ankerdurchflutung.

Das eigentliche Durchflutungsdiagramm geht von O über T und L nach P; OT ist die Erregerdurchflutung, TL nach Konstruktion die der Polraddurchflutung entgegenwirkende Längsdurchflutung

$$\Theta_{Aed} = k_d \, \Theta_{A1} \cos \psi$$

und LP die Querdurchflutung

$$\Theta_{Aeq} = k_q \, \Theta_{A1} \sin \psi \, .$$

Damit ist die Konstruktion bewiesen.

OT ist jedoch noch nicht die volle Erregerdurchflutung. Es fehlt noch die magnetische Durchflutung für den inneren Kreis. OT ist die halbe magnetische Spannung zwischen den Polschuhen und treibt daher den Polstreufluß durch die Streuwege zwischen den Polen. Wir ermitteln mit OT den Polstreufluß $\Phi_{\sigma pN}$, addieren ihn zu E und erhalten aus der inneren Kennlinie V_i die für den inneren Kreis erforderliche Erregung V_{iN} die als TY an OT angefügt wird. OY ist dann die gesamte für die Nennlast erforderliche Erregung.

h) Blindlast und stationärer Kurzschluß

Gibt die Maschine reinen Blindstrom ab, so fällt der Stromvektor und die Ankerrückwirkung in den Bildern 40 und 42 in die Horizontale; die Streuspannung addiert sich algebraisch zur Nennspannung. Die Durchflutung wird daher erheblich größer als bei jedem anderen Leistungsfaktor. Sieht man von dem sehr kleinen ohmschen Abfall $I R_A$ ab, so ist die Ankerdurchflutung der Polraddurchflutung genau entgegengesetzt. Auch im Kurzschluß ist die Ankerdurchflutung genau entgegengerichtet, sofern der ohmsche Widerstand vernachlässigt wird.

Die Erregerdurchflutung im Kurzschluß ist dem Kurzschlußstrom streng proportional und in weiten Grenzen von der Drehzahl der Maschine unabhängig. Bei halber Frequenz wird zwar E_σ nur halb so groß, jedoch hat auch U_0 nur die halben Werte. Führt man die Konstruktion von Bild 42 für den Kurzschluß ($U = 0$) durch, so erhält man für beide Frequenzen die gleichen Werte von

OP. Da PT nur vom Strom abhängt, bleibt auch OT unverändert. Nur bei sehr niedrigen Drehzahlen spielt der ohmsche Widerstand eine Rolle. Betreibt man also eine Synchronmaschine im Kurzschluß bei konstanter Erregung, so bleibt der Kurzschlußstrom bis zu sehr niedrigen Drehzahlen konstant und fällt dann sehr schnell auf Null ab.

Die Maschine stellt im Dauerkurzschluß einen Stromtransformator dar, in dem die der Erregerwicklung aufgedrückte Durchflutung im wesentlichen durch die Durchflutung der Ankerwicklung ausgeglichen wird. Der Kurzschlußstrom bei Leerlauferregung I_{k0} ist bei den meisten Maschinen kleiner als der Nennstrom I_N. Das Verhältnis

$$k_{v0} = I_{k0}/I_N \tag{31}$$

wird Leerlauf-Kurzschlußverhältnis genannt. Großes k_{v0} kennzeichnet elektrisch „stabile" Maschinen von vergleichsweise geringer Spannungsabsenkung und kleinem Lastwinkel bei Belastung. Auch haben sie eine hohe „Ladeleistung", d. h. sie können bei noch positivem Erregerstrom einen hohen kapazitiven Strom abgeben. Dieses ist erforderlich, wenn die Maschine auf eine Hochspannungsleitung oder ein Kabelnetz arbeitet, das hohe Ladeströme benötigt. Bei der Aufnahme der Kurzschlußkennlinie muß die Maschine kurzgeschlossen werden, bevor sie erregt wird. Andernfalls erhält man einen „Stoßkurzschluß" (s. V.).

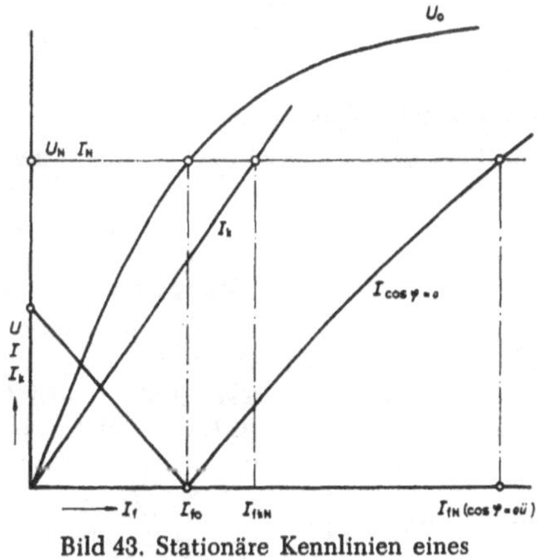

Bild 43. Stationäre Kennlinien eines Synchrongenerators.

IV. Die stationären Kennlinien und die Ermittlung des Nennerregerstroms

Bei der Prüfung der Maschine nimmt man zunächst bei Nenndrehzahl die Leerlaufkennlinie $U_0 = f(I_f)$ und die Kurzschlußkennlinie $I_k = f(I_f)$ im dreiphasigen Kurzschluß auf (Bild 43). Der Nennerregerstrom kann dadurch ermittelt werden, daß man die Maschine antreibt, auf Nennspannung, Nennstrom und Nennleistungsfaktor einstellt und den Erregerstrom abliest. Das ist aber bei größeren Maschinen im Prüffeld nicht möglich, da man dazu eine Antriebsmaschine benötigt, die die volle Antriebsleistung der Maschine hergeben müßte.

In solchen Fällen läßt man die Maschine mechanisch leer laufen und erregt sie über, so daß sie Blindstrom ins Netz liefert. Man erhält so die Kennline für Übererregung

$$I_{(\cos\varphi = 0\,\text{ü})} = f(I_f) \text{ bei } U = U_N \text{ und } n = n_N .$$

Zu I $= I_N$ erhält man dann $I_{fN\,(\cos\varphi = 0\,\text{ü})}$. Durch Untererregung erhält man den linken Ast (Blindstromaufnahme, $\cos\varphi = 0_u$). Zur Ermittlung der Erregung bei beliebigem Leistungsfaktor, z. B. für Nennleistungsfaktor, haben sich zwei Verfahren bewährt.

a) **Das Schwedendiagramm** (Bild 44)

Nach den schwedischen Regeln für elektrische Maschinen trägt man OL = Leerlauferregerstrom I_{fo} und ON = Erregerstrom für Nennspannung, Nennstrom und $\cos\varphi = 0$ übererregt $I_{fN\,(\cos\varphi=0\,\text{ü})}$ auf und errichtet in L das Lot $LM = (1 \ldots 1{,}05)\ I_{fkN}$, wobei I_{fkN} der Erregerstrom für den Nennstrom bei Kurzschluß ist.

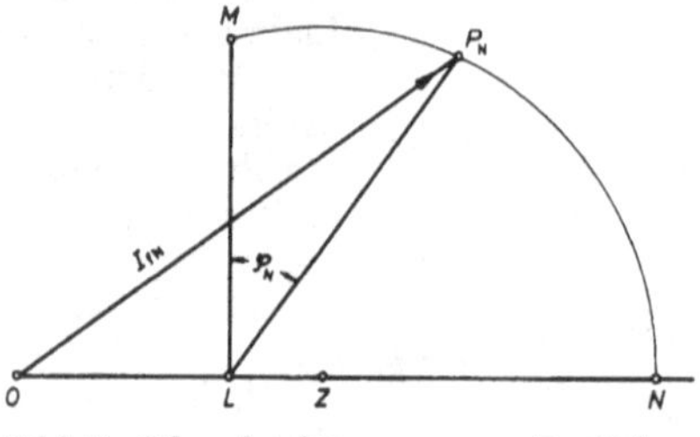

Bild 44. Schwedendiagramm zur Ermittlung des Nennerregerstromes.

Dann ist OM der Erregerstrom der Nennspannung, Nennstrom und $\cos \varphi = 1$. Dann schlägt man durch M und N einen Kreisbogen mit dem Mittelpunkt Z auf der Abszissenachse. Um den Erregerstrom für einen beliebigen Leistungsfaktor $\cos \varphi$ bzw. Nennleistungsfaktor $\cos \varphi_N$ zu erhalten, zieht man einen Strahl LP_N so daß der Winkel $MLP_N = \varphi_N$ wird. Dann ist OP_N der gesuchte Erregerstrom für Nennbetrieb.

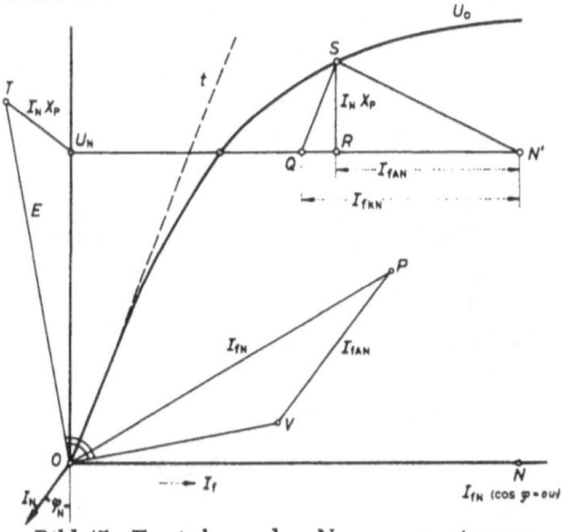

Bild 45. Ermittlung des Nennerregerstromes mit Hilfe der Potier-Reaktanz X_p

b) Mit Hilfe der Potier-Reaktanz X_p (Bild 45)

Man trägt in der Höhe der Nennspannung je Phase U_N den Erregerstrom $I_{fN\,(\cos\varphi\,=\,0\,\text{ü})}$ als Strecke $U_N N'$ von U_N nach rechts und I_{fkN} von N' nach links als $N'Q$ auf. Dann zieht man durch Q den Strahl QS parallel zur Tangente t an die Leerlauflinie, die diese in S schneidet. Dann ist das Lot $SR = I_N X_p$. X_p ist die sog. Potierreaktanz je Phase. Sie ist stets größer als die Streureaktanz der Ständerwicklung. Ferner ist im „Potierdreieck“ SRN' die Strecke $N'R$ der der Ankerrückwirkung entsprechende Erregerstromanteil I_{fAN}. Mit Hilfe von $I_N \cdot X_p$ und I_{fAN} wird jetzt der Nennerregerstrom I_{fN} ermittelt. Man trägt $I_N \cdot X_p = SR$ senkrecht zu I als $U_N\,T$ an und erhält als OT die sogenannte EMK der belasteten Maschine E. Aus der Leerlaufkennlinie wird zu E die Erregung entnommen und als OV senkrecht zu E aufgetragen. Dann reiht man an OV antiparallel zu I_N den Anteil des Erregerstromes für die Ankerrückwirkung I_{fAN}, dem im Potierdreieck die Strecke $N'R$ entspricht und erhält so den Punkt P. Dann ist OP gleich dem Erregerstrom für Nennbetrieb I_{fN}.

Beide Diagramme ergeben fast genau das gleiche Ergebnis, das mit dem bei Nennlast direkt gemessenen Erregerstrom bis auf 1—2 % übereinstimmt.

V. Stoßkurzschluß und Zeitkonstanten

Im Dauerkurzschluß stellt die Maschine einen Stromtransformator dar, bei dem die Durchflutung der Erregerwicklung durch die Ankerrückwirkung im wesentlichen ausgeglichen wird. Erregt man hingegen die Maschine, z. B. auf Nennspannung, und schließt dann die Klemmen kurz, so führen Anker- und Feldwicklung hohe Ausgleichsströme, die erst nach mehreren Sekunden auf den Wert bei Dauerkurzschluß abklingen. Die Feldwicklung kann ihren Fluß nicht plötzlich ändern, da in ihr sonst $d\Phi/dt$ unendlich würde. Sie hält also ihren Fluß fest und antwortet auf die entmagnetisierende Durchflutung der Ankerwicklung mit einem hohen Ausgleichsstrom. Die Maschine verhält sich also wie ein Spannungstransformator mit fest vorgegebenem Primärfluß (dem Fluß der Erregerwicklung). Die Ströme sind jetzt durch die Streuung zwischen Anker- und Erregerwicklung gegeben und die Ankerrückwirkung kommt zunächst gar nicht zur Wirkung. Auch die Ankerwicklung hält ihren Fluß zunächst fest, der seinerseits in der Erregerwicklung einen Wechselstrom induziert. Die Verhältnisse werden noch dadurch kompliziert, daß sich auch die Dämpferwicklung (oder massive Teile im Pol der Maschine) an dem Ausgleichsvorgang beteiligt.

Bild 46 zeigt den zeitlichen Verlauf der Ströme. Der höchste auftretende Ankerstrom (a in Bild 46) heißt Stoßkurzschlußstrom. Er soll nach den „Regeln für elektrische Maschinen" VDE 0530 § 42 c das 15-fache des Scheitelwertes des Nennstromes nicht überschreiten. Der Stoßkurz-

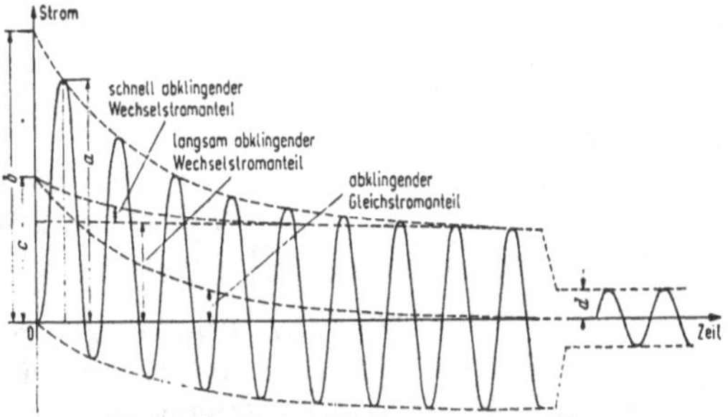

Bild 46. Stoßkurzschlußstrom einer Phase.

schlußstrom i nach Leerlauf mit Nennspannung kann dargestellt werden durch

$$i = \sqrt{2}\left[\left(I_k'' - I_k'\right)\exp\left(-t/T_d''\right) + \left(I_k' - I_{k0}\right)\exp\left(-t/T_d'\right) + \right.$$
$$\left. + I_{k0}\right]\sin(\omega t + \varphi) - \sqrt{2}\, I_k'' \sin\varphi \exp\left(-t/T_a\right). \qquad (32)$$

Das letzte Glied stellt einen abklingenden Gleichstrom dar, der den Strom i für $t = 0$ zu Null ergänzt. I_k'' heißt Stoßkurzschluß-Wechselstrom, I_k' Übergangs-Wechselstrom und I_{k0} ist der Dauerkurzschlußstrom. I_k'' ist wesentlich durch die Streuung zwischen Anker- und Dämpferwicklung bestimmt. Im Idealfall des lamellierten Läufers ohne Dämpferwicklung fällt das erste Glied der Gleichung fort ($I_k'' = I_k'$).

Die Anfangszeitkonstante T_d'' ist durch die Dämpferwicklung, die Überganszeitkonstante T_d' durch rie Feldwirkung und die Gleichstromzeitkonstante T_a durch die Ankerwicklung bestimmt. Je größer der Kupferquerschnitt einer Wicklung, um so größer wird ihre Zeitkonstante L/R. Daher ist im allgemeinen $T_d'' \ll T'$.

Diese Beziehung ermöglicht die graphische Ermittlung der Ströme I_k'' und I_k' und der Zeitkonstanten. Das Rezept ergibt sich aus Gl. (32). Man zeichnet die positive und negative Spitzenkurve und erhält in der Mitte zwischen ihnen das Gleichstromglied. Trägt man dieses logarithmisch über der Zeit auf, so erhält man eine Gerade, aus deren Neigung T_a bestimmt wird.

Nach Eleminierung des Gleichstromgliedes und Division durch $\sqrt{2}$ erhält man den Wechselstromanteil $I_\sim$ (eckige Klammer), von dem I_{k0} abgezogen wird. Logarithmisch über die Zeit aufgetragen (Bild 47) erhält man eine Kurve, die praktisch aus zwei Geraden besteht. Die kleinere Neigung bestimmt T_d'. Die weniger geneigte Gerade (T_d') schneidet auf der Ordinatenachse $I_k' - I_{k\,0}$ ab.

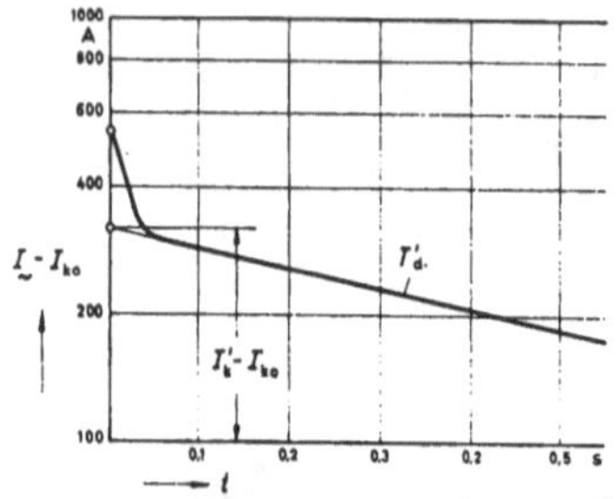

Bild 47. Ermittlung von T_d' und I_k'

Schließlich bildet man $I_\sim - I_k'$, trägt dieses wieder logarithmisch auf und findet als Ordinatenabschnitt $I_k'' - I_k'$ sowie T_d''.

Das Gleichstromglied dient der Aufrechterhaltung der Flüsse in der Ankerwicklung. Geht der Fluß der Phase im Schaltmoment $t = 0$ durch Null, so tritt kein Gleichstromglied auf. Ist sie dagegen mit dem vollen Fluß verkettet, so erreicht es seinen höchsten Wert. Da bei voller Flußverkettung die Spannung durch Null geht, folgt daraus die zunächst überraschende Tatsache, daß der höchste Stoßkurzschlußstrom dann auftritt, wenn die Spannung im Schaltmoment durch Null geht. Bei einem Drehstromgenerator kann natürlich nur in einer Phase kein Gleichstromglied auftreten, mindestens in zwei Phasen ist es stets vorhandei.

VI. Die Reaktanzen der Synchronmaschine

In der Ankerwicklung wird vom umlaufenden Polrad eine EMK induziert. Es liegt nahe, den Spannungsabfall der Maschine einer Impedanz zuzuschreiben. Da die ohmschen Widerstände vergleichsweise klein sind, rechnet man im allgemeinen nur mit Reaktanzen.

Der Begriff der Reaktanz gilt jedoch nur für Stromkreise, deren Bestandteile zueinander in Ruhe sind. Hier läuft jedoch das Polrad um. Man wird daher, je nach dem betrachteten Vorgang, verschiedene Reaktanzen unterscheiden müssen. So sind ja Dauer- und Stoßkurzschlußstrom bei gleicher Erregung ganz verschieden, entsprechen also verschiedenen Reaktanzen.

Die „Regeln für elektrische Maschinen“ VDE 0530 § 9 unterscheiden mehrere Reaktanzen.

1. Ankerreaktanz oder synchrone Reaktanz

Sie entspricht der Summe aus Streureaktanz und Reaktanz der Ankerrückwirkung (Hauptreaktanz). Sie ergibt sich je Phase der sterngeschalteten Maschine zu

$$X_d = U_N / I_{k\,\mathrm{unges}}, \tag{33}$$

wobei U_N die Nennspannung und $I_{k\,\mathrm{unges}}$ der Dauerkurzschlußstrom bei Luftspalterregung, beides je Phase, ist. Die Luftspalterregung für U_N wird auf der Tangente an den gradlinigen Teil der Leerlaufkennlinie gemessen.

Die Größe

$$X_{d\,\mathrm{ges}} = U_N / I_{k\,0} \tag{34}$$

heißt „gesättigte Ankerreaktanz“.

Reaktanzen werden fast nie in Ohm, sondern als „relative Reaktanzen“ angegeben. Man setzt sie ins Verhältnis zur Impedanz der Nennlast U_N/I_N. Also wird

$$x_d = X_d \cdot \frac{I_N}{U_N} = \frac{I_N}{I_{k\,\mathrm{unges}}} \tag{35}$$

bzw.

$$x_{d\,\mathrm{ges}} = \frac{I_N}{I_{k\,0}} = 1/k_{v\,0}. \tag{36}$$

Sie werden meist aus den Erregerströmen der Leerlaufkennlinie $I_{f0\,\mathrm{unges}}$ und I_{f0} und dem Kurzschlußerregerstrom I_{fkN} errechnet:

$$x_d = \frac{I_{fkN}}{I_{f0\,\mathrm{unges}}} \tag{37}$$

bzw.

$$x_{d\,\mathrm{ges}} = \frac{I_{fkN}}{I_{f0}}\,. \tag{38}$$

2. *Anfangs- und Übergangsreaktanz*

Sie beziehen sich auf den Stoßkurzschluß und sind definiert zu

$$X_d'' = U_N/I_k'' \tag{39}$$

und

$$X_d' = U_N/I_k'\,. \tag{40}$$

Die relativen Reaktanzen sind

$$x_d'' = I_N/I_k''$$

und

$$x_d' = I_N/I_k'\,.$$

3. *Reaktanzen zur Rechnung mit symmetrischen Komponenten*

Die Gegenreaktanz X_2 ist die Reaktanz, die die Ankerwicklung einem gegenläufigen Stromsystem darbietet. Ihr bezogener Wert x_2 wird dadurch bestimmt, daß man die Erregerwicklung kurzschließt, die Ständerwicklung mit Nennstrom speist und das Polrad entgegen dem Drehfeld mit Nenndrehzahl antreibt. Mißt man dabei 20 % der Nennspannung, so ist $x_2 = 0{,}2 = 20\ \%$.

Die Nullreaktanz X_0 ist die Reaktanz, die die Ankerwicklung einem Strom-Nullsystem darbietet. Zur Messung schaltet man die drei Phasen in Reihe (*U-X-V-Y-W-Z*) und speist mit Nennstrom. Benötigt man dazu 20 % der Nennspannung, so ist

$$x_0 = \frac{20}{3} = 6{,}66\ \%\,.$$

Bei diesem Versuch ist es gleichgültig, ob die Maschine läuft und ob die Erregerwicklung kurzgeschlossen ist oder nicht.

VII. Der Lastwinkel und die Kippleistung

Für die ungesättigte Vollpolmaschine nimmt das in Bild 40 gezeigte Erregerdiagramm bei Vernachlässigung des ohmschen Widerstandes die Form des in Bild 48 gezeigten Erregerstromdiagramms an:

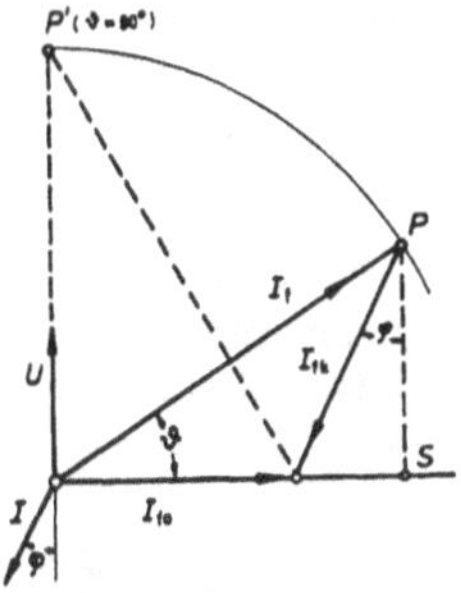

Bild 48. Vereinfachtes Diagramm der Vollpolmaschine.

Die geometrische Summe aus Erregerstrom I_f und Kurzschlußerregerstrom I_{fk} für den beliebigen Strom I ist der Leerlauferregerstrom I_{f0}. Der Winkel δ ist der Lastwinkel, φ die Phasenverschiebung zwischen U und I.

Aus Bild 48 folgt

$$\overline{PS} = I_f \sin\vartheta = I_{fk} \cos\varphi .$$

Da die Ströme proportional ihren Kurzschlußerregerströmen sind, wird

$$I_{fk} = I_{fkN} \cdot I/I_N$$

und damit

$$I \cos\varphi = I_N \sin\vartheta I_f/I_{fkN} .$$

Multiplizieren wir auf beiden Seiten mit $3\,U_N$, so erhalten wir die Wirkleistung der Maschine

$$P_w = 3\,U_N\,I \cos\varphi = 3\,U_N\,I_N \sin\vartheta \cdot I_f/I_{fkN} = P_s \sin\vartheta\, I_f/I_{fkN} ,$$

worin $P_s = 3\,U\,I_N$ die Nennscheinleistung der Maschine ist. Die größte Leistung der Maschine tritt für $\delta = 90°$ auf und beträgt

$$P_{max} = P_s \cdot I_f/I_{fkN} . \qquad (41)$$

Man nennt sie die Kippleistung der Maschine. Sie ist um so höher, je größer der Erregerstrom I_f und je kleiner der Kurzschlußerregerstrom der Maschine ist. Ein großes Kurzschlußverhältnis $k_{v0} = I_{f0}/I_{fkN}$ ergibt also Maschinen hoher Überlastbarkeit.

Für Synchronmotoren rechnet man zweckmäßig mit den Drehmomenten M. Führt man die synchrone Winkelgeschwindigkeit ω_n ein, so wird unter Vernachlässigung des Wirkungsgrades

$$P_N = \omega_n \cdot M_N = P_s \cos \varphi_N ,$$

$$P_{max} = \omega_n M_{max} = P_s \cdot I_f / I_{fkN}$$

und damit das bezogene Kippmoment

$$\frac{M_{max}}{M_N} = \frac{I_f}{I_{fkN} \cos \varphi_N} \tag{42}$$

Diese Formeln gelten mit guter Annäherung auch für die Schenkelpolmaschine.

VIII. Leistungsschwingungen

Bei jeder Belastungsänderung einer synchronen Maschine ändert sich auch ihr Lastwinkel δ. Ist die Maschine an ein Netz mit fester Frequenz angeschlossen, so daß das Polrad bei konstantem Lastwinkel mit absolut konstanter Drehzahl läuft, dann ist jede Änderung des Winkels δ nur dadurch möglich, daß die Drehzahl vorübergehend ein wenig von der synchronen abweicht. Dadurch entstehen Schwingungen.

Wird z. B. ein Generator, der entsprechend seiner Antriebsleistung mit dem Lastwinkel δ_1 läuft, durch plötzliches Öffnen des Dampfventils mit einer höheren Leistung angetrieben, die dem Lastwinkel ϑ_2 entspricht (Zeitpunkt t_0 in Bild 49), so wird sie beschleunigt. Der synchronen Winkelgeschwindigkeit überlagert sich eine Pendelgeschwindigkeit $\omega_p = d\delta/dt$, die im Zeitpunkt t_1 ihren Höchstwert erreicht. Hier hat δ den Wert δ_2 erreicht, das Antriebsmoment ist gleich dem Gegenmoment des Generators. Da $\omega_p = \mathrm{d}\vartheta/\mathrm{d}t$ noch positiv ist, schwingt ϑ nun über ϑ_2

hinaus, die Maschine verzögert sich und erreicht bei t_2 den Höchstwert von ϑ und $\omega_p = 0$. Bei t_3 ist ϑ wieder gleich ϑ_2 und bei t_4 ist der Anfangszustand $\vartheta = \vartheta_1$ ungefähr wieder erreicht.

Jetzt beginnt das Spiel von neuem. Die Maschine geht also unter Schwingungen des Lastwinkels und der abgegebenen Leistung von einem Beharrungszustand in den neuen über. Diese Schwingungen werden durch die asynchronen Drehmomente der Dämpferwicklung gedämpft.

Die Schwingungen werden um so langsamer, je größer das Trägheitsmoment des Maschinensatzes ist, und um so schneller, je größer das Drehmoment ist, das bei einer Polradabweichung um einen bestimmten Winkel ϑ entsteht. Man kann dieses Drehmoment mit der elastischen Kraft einer Feder vergleichen. Die synchrone Maschine ist also ein schwingungsfähiges Gebilde, genau wie eine Masse an einer Feder. Sie hat wie diese eine bestimmte Eigenfrequenz und schwingt mit dieser Eigenfrequenz, wenn sie etwa nach einem Stoß sich selbst überlassen bleibt.

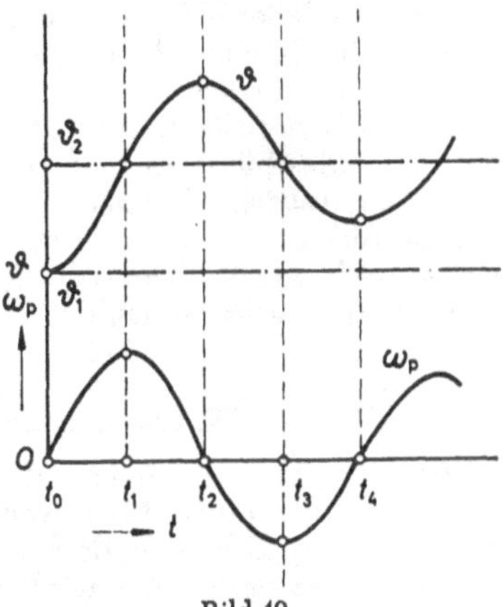

Bild 49.
Freie Schwingungen bei plötzlicher Erhöhung des Antriebsmomentes; ϑ = Lastwinkel, ω_p = Pendelgeschwindigkeit des Polrades.

Es kommen aber auch erzwungene Schwingungen von anderer Frequenz vor, wenn nämlich das Antriebsmoment eines Stromerzeugers oder das Lastmoment eines Motors nicht konstant ist, sondern pulsiert. Dies ist der Fall bei allen Kolbenmaschinen, sei es, daß ein Stromerzeuger von einer Kolbenkraftmaschine, z. B. einem Dieselmotor, angetrieben wird, oder daß ein Synchronmotor einen Kolbenverdichter antreibt. Die Schwingungen des Polrades und der elektrischen Leistung bleiben klein, wenn die aufgezwungene Frequenz von der Eigenfrequenz der synchronen Maschine weit entfernt ist; sie können aber sehr groß werden und einen geordneten Betrieb unmöglich machen, wenn sie in die Nähe der Eigenfrequenz kommt, also Resonanz auftritt.

Man muß daher dafür sorgen, daß die Eigenschwingungszahl der Synchronmaschine ausreichend weit unterhalb der langsamsten möglichen Schwingung des Antriebs- oder Lastdrehmoments liegt. Resonanz ist besonders bei langsam laufenden Maschinen zu befürchten, da bei diesen die Frequenz der Antriebsschwingungen niedrig liegt. Solche Maschinen für den Antrieb durch Dieselmaschinen oder für den Antrieb von Kolbenverdichtern müssen deshalb große Schwungräder erhalten (Bild 5).

IX. Das Synchronisieren

Wenn ein Stromerzeuger auf ein starkes Netz arbeiten soll, so wird ihm durch dieses Netz Frequenz und Spannung vorgeschrieben. Schon in dem Augenblick, in welchem er mit dem Netz verbunden wird, muß seine Frequenz und seine Spannung mit der des Netzes übereinstimmen und zwar die Spannung nicht nur der Größe nach, sondern auch der Phase nach. Diese Bedingung gilt für alle drei Wicklungsstränge. Sie schließt also die Forderung ein, daß die zeitliche Reihenfolge der Spannungen in den Wicklungssträngen der Maschine mit der der Netzspannungen übereinstimmt. Danach sind vier Bedingungen einzuhalten, ehe eine Maschine auf ein Netz geschaltet werden kann, nämlich

1. Übereinstimmung der Frequenz,
2. Übereinstimmung der Phasenfolge,
3. Gleiche Höhe der Spannung,
4. Gleiche Phasenlage der Spannung.

Von diesen Bedingungen wird die dritte einfach durch Beobachtung der Spannungsmesser nachgeprüft. Die Einhaltung der drei anderen Bedingungen wird durch ein besonderes Meßgerät, das Synchronisiergerät, festgestellt.

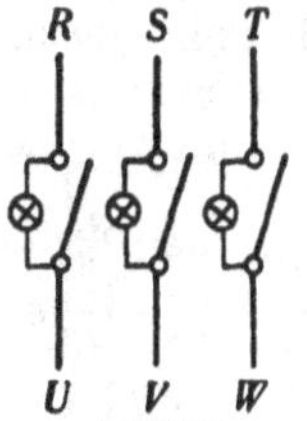

Bild 50. Phasenlampen in Dunkelschaltung.

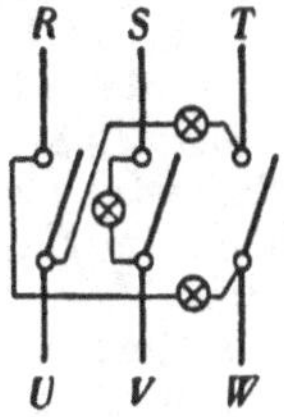

Bild 51. Phasenlampen in Umlaufschaltung.

Das Synchronisiergerät besteht in seiner einfachsten Form aus drei Glühlampen (Phasenlampen), welche nach Bild 50 oder Bild 51 wie drei Spannungsmesser zwischen das Netz und die zuzuschaltende Maschine geschaltet sind, so daß

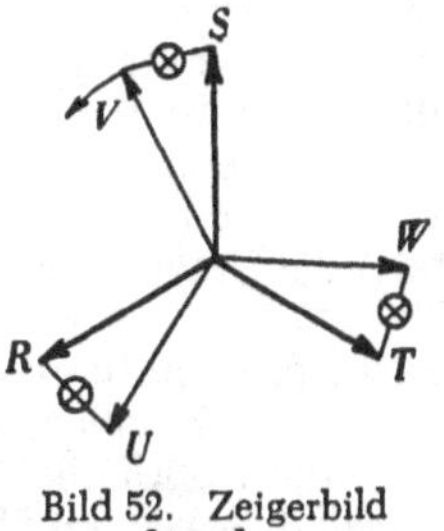

Bild 52. Zeigerbild für die Dunkelschaltung.

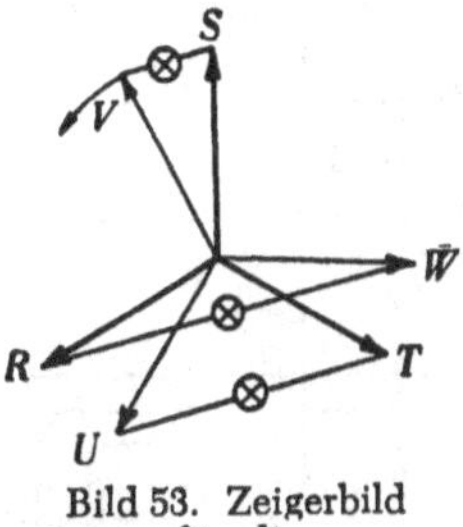

Bild 53. Zeigerbild für die Umlaufschaltung.

sie den Maschinenhauptschalter überbrücken. Die Wirkungsweise dieser beiden Schaltungen geht aus den Zeigerbildern 52 und 53 hervor, in denen die Zeiger *R*, *S*, *T* die drei Netzspannungen bedeuten (von einem wirklichen oder gedachten Sternpunkt aus gerechnet) und *U, V, W* die drei Maschinenspannungen. Sind die Phasenlampen nach Bild 50 geschaltet, so messen sie die Spannungen zwischen *R* und U, zwischen *S* und *V* und zwischen *T* und *W* (Bild 52). Läuft die Maschine ein wenig zu schnell, dann dreht sich der Stern *U, V, W* langsam nach links, wenn man den Stern *R, S, T* festhält; läuft die Maschine etwas zu langsam, dann dreht sich der Stern *U, V, W* langsam nach rechts. In beiden Fällen wird die Spannung an jeder der drei Lampen allmählich von Null bis zur doppelten Phasenspannung zunehmen und dann wieder abnehmen. Je genauer die Frequenz der Maschine mit der des Netzes übereinstimmt, desto langsamer geht das Aufleuchten und Erlöschen der Lampen vor sich. Die richtige Phasenlage ist erreicht, wenn die Phasenlampen dunkel sind. Man nennt daher die Schaltung nach Bild 50 die Dunkelschaltung der Phasenlampen.

Sind die Phasenlampen nach Bild 51 geschaltet (eine gerade, zwei gekreuzt), dann messen sie die in Bild 53 durch Einzeichnen der Lampensinnbilder angegebenen Spannungen. Auch hier leuchtet jede der drei Phasenlampen langsam auf, um dann wieder dunkel zu werden. Aber die drei Lampen leuchten nicht gleichzeitig, sondern nacheinander. Ordnet man die drei Lampen auf einem Kreise an, dann läuft der Lichtschein langsam auf diesem Kreise herum, und zwar nach links oder nach rechts, je nachdem, ob die Maschine zu schnell oder zu langsam läuft. Man nennt diese Schaltung die Umlaufschaltung. Sie läßt also im Gegensatz zur Dunkelschaltung nicht nur die Größe der Frequenzabweichung, sondern auch die Richtung derselben erkennen. Wenn man an Stelle jeder einzelnen Phasenlampe zwei Lampen in Reihe oder parallel schaltet, diese nach Bild 54 im Kreise anordnet und das ganze durch eine Milchglasscheibe verdeckt,

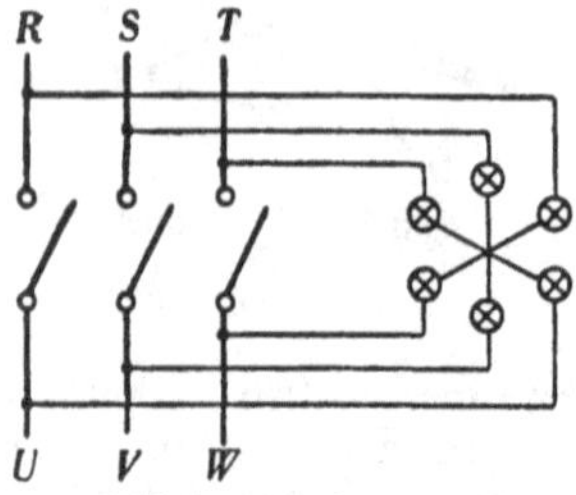

Bild 54. Synchronisierschaltung mit 6 Lampen.

dann entsteht der Eindruck eines sich drehenden Lichtzeigers. Der Augenblick gleicher Phasenlage wird bei der Umlaufschaltung dadurch angezeigt, daß die gerade geschaltete Lampe dunkel ist, während die beiden anderen hell, und zwar gerade gleich hell brennen, bei Anordnung nach Bild 54 dadurch, daß der Lichtzeiger die waagerechte Stellung einnimmt.

Beide Schaltungen lassen auch erkennen, ob die Bedingung der gleichen Phasenfolge eingehalten ist. Denn wenn man bei der Schaltung nach Bild 50 zwei Maschinenklemmen, etwa *U* und *W*, vertauschen würde, dann würden die Phasenlampen gerade die in Bild 53 angedeuteten Spannungen messen, sie würden also nicht gleichzeitig, sondern nacheinander (umlaufend) aufleuchten. Wenn man dagegen bei Bild 51 die Maschinenklemmen *U* und *W* vertauscht, dann messen die Phasenlampen die in Bild 52 angegebenen Spannungen, leuchten also gleichzeitig auf. Falsche Phasenfolge wird also immer daran erkannt, daß die Phasenlampen in der einen Schaltung sich so verhalten, als wenn sie in der anderen Schaltung angeordnet wären. Die richtige Phasenfolge braucht im allgemeinen nur nachgeprüft zu werden, wenn eine Maschine zum ersten Mal in Betrieb genommen wird; bei späteren Schaltungen stimmt sie dann von selbst, da sich ja die Drehrichtung der Antriebsmaschine nicht ändert.

Neben den Phasenlampen sind auch Synchronisiergeräte im Gebrauch, die einen umlaufenden Zeiger enthalten. Auf den Aufbau dieser Geräte kann hier nicht näher eingegangen werden. Es genügt zu wissen, daß der Zeiger dieser Synchronisiergeräte sich im wesentlichen ebenso verhält wie der Lichtzeiger der nach Bild 54 geschalteten Phasenlampen. Nach dem Synchronisieren gibt der Generator noch keinen Strom an das Netz ab. Erhöht man seinen Erregerstrom, so gibt er lediglich Blindstrom ins Netz ab. Da die Drehzahl sich nicht ändert, sondern fest an die synchrone Drehzahl gebunden ist, ändert sich auch das Antriebsmoment der Kraftmaschine nicht, die den Vorgang gar nicht bemerken kann. Will man, daß der Generator Wirkleistung ins Netz gibt, so muß man das Antriebsmoment erhöhen, also beispielsweise der Dampfturbine mehr Dampf zuführen. Dies wird im Kraftwerksbetrieb stets dadurch erzielt, daß man den Regler der Kraftmaschine verstellt.

X. Erregeranordnungen (Schrifttum 9)

Zwischen Leerlauf und Vollast muß die Erregerspannung eines Generators im Verhältnis 1 : 4 und mehr verändert werden. Kommt kapazitive Belastung des Generators, etwa durch eine unbelastete Hochspannungsleitung, in Betracht, so muß die Erregung noch unter Leerlauferregung vermindert werden. Die Erregeranordnung großer, netzbestimmen-

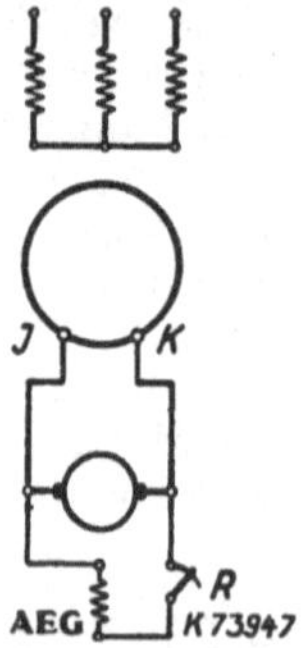

Bild 55. Erregeranordnung mit selbsterregter Erregermaschine.

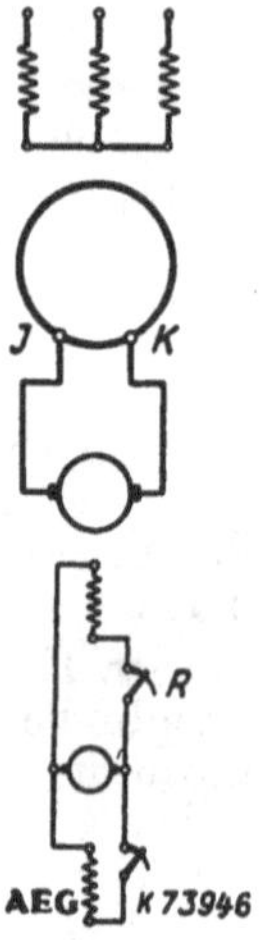

Bild 56. Erregeranordnung mit Haupt- und Hilfserregermaschine.

der Generatoren muß daher eine Spannung zwischen etwa Null und der für Überlastbetrieb liefern können.

Ferner verlangt man, daß die Erregerspannung möglichst schnell durch den Spannungsregler verstellt werden kann, um bei Laststößen die Spannungsabsenkungen ins Netz klein zu halten. Bei Kurzschluß im Netz laufen die Generatoren Gefahr, außer Tritt zu fallen. Deshalb wird häufig Stoßerregung verlangt, d. i. eine möglichst schnelle Steigerung der Erregerspannung auf den 1,5 ··· 2fachen Nennwert.

Die in Bild 55 gezeigte Erregeranordnung mit selbsterregten Erregermaschinen wird auch heute noch viel verwendet, wenn an die Spannungsregelung keine hohen Anforderungen gestellt werden. Die Erregungsgeschwindigkeit dieser Maschinen, d. i. der zeitliche Anstieg ihrer Spannung bei plötzlicher Verminderung des Widerstandes ihres Feldstellers, ist jedoch gering. Daher wird für große Generatoren die in Bild 56 gezeigte Erregeranordnung mit Haupt- und Hilfserregermaschine bevorzugt, die sehr viel schneller reagiert.

Neuerdings hat man große Generatoren auch vom Drehstromnetz über gittergesteuerte Quecksilberdampf-Stromrichter erregt, deren Spannung in Bruchteilen einer Periode von positiver Spannung (Gleichrichterbetrieb) auf negative Spannung (Wechselrichterbetrieb des Stromrichters) umgesteuert werden kann. Diese „Stromrichtererregung" hat Regeleigenschaften, die von keiner Erregeranordnung mit Maschinen erreicht werden.

Die „selbstregelnden Generatoren" (Schrifttum 11) entnehmen ihren Erregerstrom den Ankerklemmen über Trockengleichrichter. Eine Schaltung zeigt Bild 57. Im Leerlauf erregt sich der Generator über die Drosseln D_1, D_2, D_3 und den Gleichrichter Gl. (1). Bei Belastung werden den Stromtransformatoren W_1, W_2, W_3 Sekundärströme aufgedrückt, die sich in den Punkten 1, 2 und 3 mit den Strömen der Drosseln vereinigen. Der Summenstrom wird gleichgerichtet und der Feldwirkung IK aufgedrückt. Er ist bei entsprechender Bemessung der Bauelemente angenähert gleich dem bei Last erforderlichen Erregerstrom. Die geringen Abweichungen werden durch einen Regelkreis ausgeglichen. Solange die Spannung unter Nennspannung bleibt, fließt durch die Ringkerndrossel D_4, die einen Kern aus Blechen mit einem ausgeprägten Sättigungsknick hat, praktisch kein Strom. Ist sie jedoch zu hoch, so fließt ein Wechselstrom, der über den Gleichrichter Gl. (2) gleichgerichtet wird und die Stromtransformatoren W_1, W_2, W_3 vorsättigt, ihre Leerlaufimpedanz also vermindert. Dadurch fließt ein Teil des von den Drosseln D_1, D_2, D_3 kommenden Stromes über W_1, W_2, W_3 ab und die Erregung des Generators wird geschwächt. Mit dem Sollwerteinsteller S kann der Sollwert der Spannung eingestellt werden.

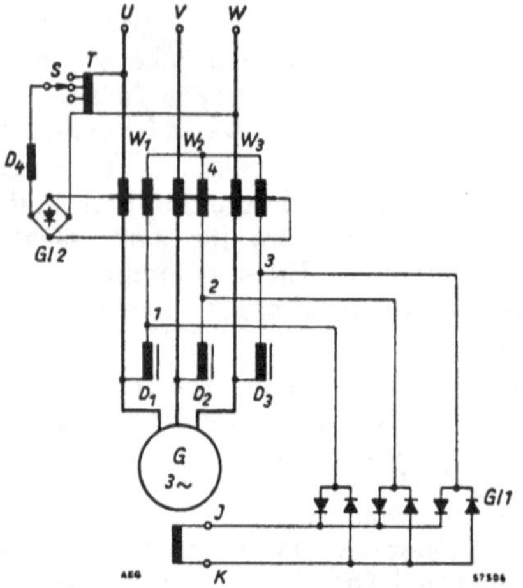

Bild 57. Schaltung eines selbstregelnden Drehstromgenerators mit zusätzlicher Spannungsregelung.

XI. Synchronmotoren

Jede Synchronmaschine kann als Generator oder als Motor betrieben werden. Im mechanischen Leerlauf (Bild 58) stehen die Südpole des Läufers den Nordpolen des Ständers genau gegenüber. Die Feldlinien liegen symmetrisch zur Polachse. Bei Belastung (Bild 59) durch das Drehmoment M_d bleibt der Läufer hinter den Ständerpolen zurück. Die Feldlinien ziehen sich in die Länge und ziehen den Läufer hinter sich her. Der eingezeichnete Lastwinkel ϑ wird als negativ bezeichnet. Gegenüber dem Asynchronmotor hat der Synchronmotor den Vorteil, daß man den Erregerstrom so einstellen kann, daß der Leistungsfaktor gleich Eins wird. Häufig wird sogar der Motor übererregt, so daß er Blindleistung ins Netz liefert und so zur Verbesserung des

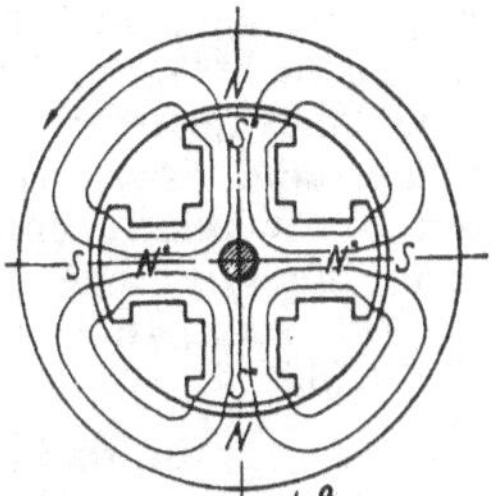

Bild 58. Feldbild eines Synchronmotors bei Leerlauf.

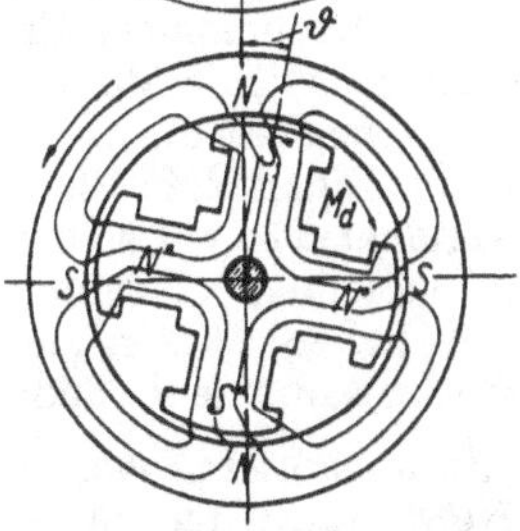

Bild 59. Feldbild eines Synchronmotors bei Belastung.

Leistungsfaktors des Netzes beiträgt. Sein Nachteil ist, daß er Erregerstrom braucht, der meist einem besonderen Erregerumformer entnommen wird. Dieser besteht aus einem asynchronen Käfigläufermotor und einem Gleichstrom-Nebenschlußgenerator als Erregermaschine. Dieser Aufwand lohnt sich nur für größere Motoren. Aus diesem Grunde wählt man gerade für größere Leistungen, etwa ab 500 kW, häufig Synchronmotoren, die mit Leistungen bis 5000 kW und mehr zum Antrieb von Umformern, Kolben- und Turboverdichtern, Holzschleifern usw. verwendet werden.

Der Synchronmotor entwickelt von Hause aus im Anlauf kein Drehmoment. Deshalb versieht man ihn mit einer Anlauf Dämpferwicklung, die aus Stäben aus Bronze oder Messing in den Polschuhen besteht, die an beiden Seiten durch Kurzschlußringe kurzgeschlossen werden. Der Motor läuft also mit Hilfe dieser Dämpferwicklung wie ein asynchroner Käfigankermotor hoch. Die Erregerwicklung darf dabei nicht offen sein, weil sonst das Drehfeld des Ständers in ihr im Anlauf hohe Spannungen induzieren würde. Man schließt sie daher über den Anker der Erregermaschine und einen Widerstand, der etwa dem 5 ··· 10fachen Widerstand der Feldwicklung entspricht. Der Motor läuft bis dicht unter die synchrone Drehzahl hoch. Dann schließt man den Widerstand kurz, so daß die Maschine erregt wird und in Tritt fällt.

Voraussetzung dafür, daß der Anlauf gelingt, ist, daß das asynchrone Drehmoment der Maschine im Anlauf größer ist als das belastende Moment der Arbeitsmaschine und daß sie dicht genug an die synchrone Drehzahl heranläuft, um sich beim Einschalten der Erregung zu synchronisieren. Man verlangt also ein ausreichendes „Anzugsmoment" und „Intrittfallmoment". Wählt man für die Dampferstäbe ein Material hohen Widerstandes, so erhält man wohl ein großes Anzugsmoment, jedoch ein kleines Intrittfallmoment.

Synchronmomtoren werden zum Anlauf häufig direkt auf das Netz geschaltet und nehmen dabei Ströme vom 4 ··· 6fachen des Nennstromes auf. Ist das Netz zu schwach, diesen Strom ohne unzulässige Spannungsabsenkung herzugeben, so muß man den Anlaufstrom durch besondere Maßnahmen herabsetzen. Ist der Motor in Dreieckschaltung, so kann man ihn in Sternschaltung anfahren. Dieser Sterndreieck-Anlauf setzt den Anlaufstrom auf $^1/_3$ seines Wertes, also etwa 1,3—2fachen Nennstrom herab. Häufig wird auch ein Anlaßtransformator in Sparschaltung verwendet. Man legt den Motor beispielsweise an die Anzapfung des Transformators, die die halbe Spannung gibt, sein Anlaufstrom geht dadurch auf die Hälfte zurück. Infolge der Transformatorwirkung geht der vom Netz aufgenommene Strom auf ein Viertel zurück. Im gleichen Verhältnis, d. h. auf ein Viertel, sinkt aber auch das Anzugsmoment. Der Motor läuft dann hoch, wird auf volle Spannung umgeschaltet und durch Einschalten der Erregung synchronisiert. Häufig wird der Motor auch schon bei herabgesetzter Spannung erregt.

XII. Die Prüfung der Synchronmaschine (Schrifttum 5)

a) Allgemeines

Die Prüfung der Maschine dient vornehmlich dem Nachweis, daß die zwischen dem Erbauer der Maschine und dem Kunden vereinbarten Garantiewerte, wie Erwärmung, Kurzschlußverhältnis und Wirkungsgrad, eingehalten werden. Sie geben aber auch dem Berechner und Konstrukteur der Maschine wertvolle Hinweise für den Entwurf ähnlicher Maschinen.

In welchem Umfang die Prüfung im Lieferwerk durchgeführt werden soll, hängt sehr von den Verhältnissen ab und sollte stets vorher vereinbart werden. Ein 100-MVA-Wasserkraftgenerator für 100 U/min beispielsweise hat stets einen mehrteiligen Ständer und ein Schichtpolrad. Zur Prüfung der Maschine muß der Ständer zusammengebaut, die Spulen, die über die Teilfuge gehen, eingelegt, das Polrad zusammengeschichtet und die ganze Maschine aufgebaut und geprüft werden. Zum Transport muß die Maschine völlig demontiert, die Teilfugenspulen wieder entfernt und das Polrad auseinandergeschichtet werden. Hierbei entstehen Kosten von 100 000 DM und mehr. Man kann dann wohl Leerlauf- und Kurzschlußkennlinien aufnehmen und die Verluste bestimmen, die Maschine jedoch nicht belasten, da die große Leistung im Werk gar nicht zur Verfügung steht. Es ist daher sehr zu überlegen, ob sich der Aufwand, der ja vom Kunden getragen werden muß, lohnt, oder ob man nicht einen Teil der Prüfungen nach dem Aufbau im Kraftwerk vornehmen soll.

Im Lieferwerk wird man stets die Prüfungen vornehmen, die keinen wesentlichen Aufwand erfordern. Hierzu gehören Widerstandsmessungen und die Prüfung der Ständerwicklung mit Hochspannung, im obigen Beispiel an den einzelnen Teilen des Gehäuses. Unbedingt durchzuführen sind auch Prüfungen, die nur im Werk ohne Risiko durchgeführt werden können, vor allem die Schleuderprobe hochbeanspruchter Läufer.

Bei den Prüfungen sind die vereinbarten Vorschriften, in Deutschland vornehmlich die „Regeln für elektrische Maschinen" VDE 0530, zu beachten. Zu einer vollständigen Prüfung gehören neben dem Nachweis des ruhigen Laufes vor allem die Prüfung der mechanischen Festigkeit, die Prüfung der Isolierfestigkeit, die Aufnahme der Kennlinien (Leerlauf, Kurzschluß, $\cos\varphi = 0$), die Messung der Verluste und die Messung der Erwärmung.

b) Mechanische Festigkeit

Zweierlei Kräfte sind es, die erhebliche mechanische Beanspruchungen hervorrufen, nämlich die Fliehkraft, welche den Läufer zu zerreißen sucht, und die Stromkräfte bei Stoßkurzschluß, welche die Wicklungsköpfe der Ständerwicklung zu verbiegen suchen.

Die Festigkeit des Läufers wird nachgeprüft, indem man ihn zwei Minuten lang mit erhöhter Drehzahl laufen läßt (Schleuderprüfung). Durch die VDE 0530 § 67 ist die Schleuderdrehzahl für Dampfturbinenantrieb auf das 1,25fache der Nenndrehzahl festgesetzt. Für Wasserturbinenantrieb ist sie gleich der Durchgangsdrehzahl der Turbine, mindestens jedoch gleich dem 1,8fachen der Nenndrehzahl. Für alle anderen Fälle, z. B. auch für Motoren, genügt eine Schleuderprüfung mit dem 1,2fachen der Nenndrehzahl.

Bei großen Maschinen mit hohen mechanischen Beanspruchungen, bei denen die Gefahr eines Zerspringens bei der Schleuderprüfung nicht ausgeschlossen erscheint, wird diese Prüfung in besonders hergerichteten Schleuderprüfgruben vorgenommen.

Hinsichtlich der Ständerwickelköpfe schreiben die VDE 0530 in § 42 vor, daß sie den Stromkräften gewachsen sein sollen, die im Stoßkurzschluß der vollbelasteten Maschine auftreten. Der Stoßkurzschluß ist proportional dem in der Ständerwicklung vorhandenen Fluß. Da dieser im Betrieb größer ist als bei Leerlauf mit Nennspannung, soll die Maschine einen Stoßkurzschluß mit 1,05 × Nennspannung aushalten. Anschließend soll eine Wicklungsprüfung mit Hochspannung durchgeführt werden. Ein Stoßkurzschlußversuch ist jedoch nicht vorgeschrieben. Tatsächlich wird auf ihn auch häufig verzichtet, da er eine sehr hohe mechanische Beanspruchung der Wicklung bedeutet und etwaige auftretende Beschädigungen der Wicklung nicht mit Sicherheit festgestellt werden können. Gerade bei großen Maschinen gehört im Kraftwerk meist ein Transformator zu jeder Maschine, dessen Streuimpedanz den Stoßkurzschlußstrom erheblich herabsetzt.

c) Isolierfestigkeit

Der Nachweis des Isoliervermögens besteht aus der Wicklungsprüfung und der Windungsprüfung. Bei der Wicklungsprüfung wird die Isolierung jeder Wicklung, bei den mehrphasigen Ständerwicklungen im allgemeinen auch die Isolierung jedes einzelnen Wicklungsstranges gegen den Eisenkörper und gegen alle anderen Wicklungen geprüft. Zu diesem Zweck wird zwischen die zu prüfende Wicklung und den Rest der Maschine eine Wechselspannung angelegt, deren Höhe je nach Nennleistung und Nennspannung der Maschine durch die Regeln für elektrische Maschinen VDE 0530 § 45 vorgeschrieben ist und im allgemeinen das Zwei- bis Dreifache der Nennspannung beträgt. Diese Spannung wird stetig oder in kleinen Stufen bis zum Endwert gesteigert und bleibt dann eine Minute lang bestehen. Dabei darf weder ein Durchschlag der Isolation noch ein Überschlag eintreten. Gleitfunken, d. h. Funken längs der Oberfläche der Isolierung, die von einem Pol ausgehen, aber den anderen nicht erreichen, also nicht zum Überschlag führen, sind bei dieser Prüfung nicht immer ganz zu vermeiden, dürfen aber frühestens einsetzen, wenn die Nennspannung um 25 % überschritten ist. Gleitfunken entstehen vor allem an den Stellen, an welchen die Wicklung aus den Nuten austritt. Sie gehen dort von den Kanten des Eisenkörpers aus und gleiten züngelnd längs der aus den Nuten hervorragenden Teile der Nutenisolation.

Die Windungsprüfung nach § 47 dient zur Feststellung der ausreichenden Isolierung benachbarter Windungen gegeneinander und zum Auffinden von Windungsschlüssen. Bei ihr wird die Maschinenspannung im Leerlauf durch

Erhöhung der Erregung oder der Drehzahl auf das 1,3fache der Nennspannung, in besonderen festgelegten Fällen auch auf das 1,5fache gesteigert und drei Minuten lang aufrechterhalten. Auch hierbei darf kein Durchschlag eintreten.

d) Kennlinien und Streuprobe

Bei jeder synchronen Maschine pflegt man in erster Linie die Leerlaufkennlinie und die Kurzschlußkennlinie (Bild 43) aufzunehmen. Wenn ein genügend starkes Netz zur Verfügung steht, macht man auch einen Überregungsversuch, d. h. man schaltet die Maschine auf das Netz und steigert dann die Erregung, bis die Maschine einen Blindstrom möglichst von der Größe ihres Nennstromes in das Netz liefert.

Aus diesen Versuchen läßt sich nach einem der auf S. 58 ff. erläuterten Verfahren der Nennerregerstrom der Maschine bestimmen.

Ist es wegen der großen Leistung der Maschine nicht möglich, die Maschine übererregt mit Nennstrom zu belasten, so kann man die Potierreaktanz angenähert durch die sogenannte Streuprobe bestimmen. Man speist die Ständerwicklung vor dem Einbau des Läufers mit Drehstrom und bestimmt die dabei auftretende Reaktanz X_S. Nach den „Erläuterungen zu den Regeln für elektrische Maschinen" kann man die Potierrektanz angenähert setzen

bei Volltrommelmaschinen $X_p = 0{,}67\,X_S$,

bei Schenkelpolmaschinen $X_p = 1{,}0\,X_S$.

e) Verluste

(Regeln für elektrische Maschinen VDE 0530 §§ 49—62)

Bei kleinen Maschinen kann der Wirkungsgrad auf direktem Weg, d. h. durch Messung der abgegebenen und aufgenommenen Leistung ermittelt werden. Bei größeren Maschinen dagegen kommen nur die indirekten Verfahren in Betracht, insbesondere das Einzelverlustverfahren. Doch pflegt man bei der Anwendung des Einzelverlustverfahrens auf synchrone Maschinen im Gegensatz zu anderen elektrischen Maschinen, etwa Gleichstrommaschinen, die Leerverluste nicht durch Messung der elektrischen Leistungsaufnahme bei Motorleerlauf, sondern durch Messung der mechanischen Leistungsaufnahme bei Generatorleerlauf zu bestimmen. Denn man würde ja in den meisten Fällen zum Anwerfen der Maschine, wenn sie als Motor laufen sollte, ohnehin einen Hilfsmotor brauchen. Der Hilfsmotor ermöglicht dann auch die Ermittlung der Lastverluste einschließlich des Zusatzverlustes. Wir wollen dieses Verfahren der Verlustmessung das „Hilfsmotorverfahren" nennen. Daneben kommt für synchrone Maschinen als weiteres Verfahren zur indirekten Wirkungsgradbestimmung das sogenannte „Übererregungsverfahren" in Betracht.

Beim Hilfsmotorverfahren verwendet man zum Antrieb der zu untersuchenden Maschine eine „geeichte Hilfsmaschine", d. h. eine relativ kleine Maschine, deren Verluste genau bekannt sind. Sie ist meist ein fremderregter Gleichstrommotor, manchmal auch ein Asynchronmotor. Man mißt die elektrische Leistungsaufnahme dieser Maschine und errechnet daraus die mechanische Leistungsabgabe. Die zu untersuchende synchrone Maschine läßt man zunächst unerregt laufen, man findet dadurch ihre Reibungsverluste. Dann erregt man sie auf Nennspannung und findet die Summe aus Reibungsverlusten und Eisenverlusten, und durch Abzug der schon bekannten Reibungsverluste auch die Eisenverluste. Dann wird die Maschine kurzgeschlossen und so erregt, daß der Kurzschlußstrom gleich dem Nennstrom wird. Dadurch findet man, wenn man von der Leistungsaufnahme die Reibungsverluste abzieht, die Lastverluste, d. h. die eigentlichen Stromwärmeverluste in der Ankerwicklung und die durch Streufelder entstehenden Zusatzverluste. Denn bei diesem Kurzschlußversuch sind auch die Streufelder in vollem Maße vorhanden, und da die Messung bei voller Drehzahl, also voller Frequenz des Kurzschlußstromes geschieht, so entstehen auch die vollen Streufeldverluste (Zusatzverluste). Die Stromwärmeverluste allein kann man finden, indem man den Widerstand der Ankerwicklung mit Gleichstrom mißt. Die Erregerverluste können aus dem nach Abschnitt IV bekannten Erregerstrom und dem leicht zu messenden Widerstand der Erregerwicklung berechnet werden. Die Übergangsverluste an den Erregerschleifringen werden berechnet, indem man für die meist verwendeten metallhaltigen Bürsten 0,3 V als Spannungsabfall an jedem Schleifring einsetzt.

Bei dem nur für synchrone Maschinen anwendbaren Übererregungsverfahren nach § 55 muß die zu untersuchende Maschine als Motor an ein Drehstromnetz angeschlossen werden. Hat das Netz die Nennspannung der Maschine und erregt man die leerlaufende Maschine auf $\cos \varphi = 1$ (geringste Stromaufnahme), dann ist ihre Leistungsaufnahme gleich den Reibungs- und Eisenverlusten, vermehrt um einen ganz kleinen Stromwärmeverlust, der leicht berechnet und abgezogen werden kann. Erregt man die Maschine aber stärker, bis sie den vollen Nennstrom als fast reinen Blindstrom abgibt, dann entstehen in der Maschine auch die Lastverluste einschließlich der Zusatzverluste, so daß man zu ihrer Leistungsaufnahme nur noch die oben berechneten Erregungsverluste hinzurechnen muß, um die gesamten Verluste der Maschine zu erhalten.

f) Erwärmung

Eine genaue Messung der Erwärmung setzt einen Lauf der Maschine mit Nennlast, also Nennspannung, Nennstrom und Nennleistungsfaktor voraus, also eine Antriebsmaschine für die volle Wirkleistung. Diese ist für größere Maschinen nie vorhanden. Man fährt daher häufig die Maschine mit Nennspannung, Nennstrom und $\cos \varphi = 0$ übererregt. Hierbei sind die Eisenverluste etwas und der Erregerstrom beträchtlich höher als bei Nennbetrieb, so daß vor allem die Erwärmung der Erregerwicklung wesentlich zu hoch gemessen wird. Man kann bei diesem Versuch auch die Spannung oder den Strom so weit herabsetzen, daß der Nennerregerstrom eingehalten wird. Bei ganz großen Maschinen sind nur Läufe im Kurzschluß und im Leeerlauf möglich. Die Kontrolle der Erwärmung kann dann nur nach der Inbetriebnahme erfolgen.

Die Bestimmung der Erwärmung der Wicklungen erfolgt entweder aus ihrer Widerstandszunahme oder mit Hilfe von an- oder eingebauten Temperaturfühlern, wie Thermometern oder Thermoelementen bzw. Widerstandselementen, die in den Nuten der Ständerwicklung mit eingebaut sind. Näheres über die Meßmethoden und die zulässigen Erwärmungen ist in den „Regeln für elektrische Maschinen" VDE 0530 §§ 33—37 zu finden.

XIII. Die Größenbemessung

a) Entwurfsgleichung

Die Größe einer Wechselstrommaschine hängt nicht von der abzugebenden Wirkleistung ab, sondern von der abgegebenen (beim Motor von der aufgenommenen) Scheinleistung. Denn die Ankerwicklung ist vollbelastet, wenn sie ihren Nennstrom führt, gleichgültig ob dieser Strom Wirkstrom oder Blindstrom ist. Die Scheinleistung P_s einer Drehstrommaschine ist

$$P_s = 3\,U\,I \tag{43}$$

(U = Phasenspannung, I = Phasenstrom).

U setzt man gleich der EMK der Grundwelle E_1 nach Gl. (12) und führt den Fluß der Grundwelle

$$\Phi_1 = \Phi\,k_f = \alpha\,B_0\,\tau_p\,l_i\,k_f \tag{44}$$

ein. Ferner führt man den Strombelag A des Ankers ein. Dieser ist definiert als die gesamte Stromdurchflutung am Ankerumfang, dividiert durch den Ankerumfang, also für die Drehstrommaschine

$$A = 6w\,I/(\pi\,D_i)\,. \tag{45}$$

Daraus erhält man

$$I = A\,\pi\,D_i/(6\,w)\,.$$

Führt man noch die Frequenzgleichung $f = p\,n$ und die Polteilung $\tau_p = D_i\,\pi/(2\,p)$ ein, so erhält man

$$P_s = \frac{\pi^3}{2\sqrt{2}}\,k_f\,\alpha\,\xi_{z1}\,\xi_{s1}\,B_0\,A\,D_i^2\,l_i\,n\,. \tag{46}$$

In diese Größengleichung ist im MKSA-System P_s in VA, B_0 in T, A in A/m, D_i und l_i in m und n in U/s einzusetzen. Häufig schreibt man auch

$$P_s = C\, D_i^2\, l_i\, n \tag{47}$$

und nennt C den „Essonschen Leistungswert". Werte für die maximale Luftspaltinduktion B_0 und den Strombelag A sind der folgenden Tafel zu entnehmen.

Bemessungswerte für Synchronmaschinen

	B_0 T	A A/m
Schenkelpolmaschinen (Polteilung 0,15—0,7 m)	0,75—0,85	35— 70 · 10³
Turbogeneratoren, luftgekühlt	0,75—0,85	50— 70 · 10³
Turbogeneratoren, wasserstoffgekühlt	0,75—0,85	100—120 · 10³

b) Grenzleistungen (Schrifttum 8)

Formt man Gl. (47) mit Hilfe der Gleichungen für die Umfangsgeschwindigkeit $v = \pi\, D_i\, n$ und die Frequenz $f = p \cdot n$ um, so erhält man für die Leistung je Pol

$$\frac{P_s}{2p} = \frac{C\, v^2\, l_i}{2\pi^2 f}. \tag{48}$$

Hohe Leistungen je Pol bedingen also hohe Umfangsgeschwindigkeiten und damit hohe mechanische Beanspruchungen im Läufer. Bei Wasserkraftgeneratoren, die das $\ddot{u}$-fache der Nenndrehzahl aushalten müssen, ist $v_{\ddot{u}} = \ddot{u} \cdot v$ begrenzt, so daß Gl. (48) übergeht in

$$\frac{P_s}{2p} = \frac{C \cdot v_{\ddot{u}}^2\, l_i}{2\pi^2 f\, \ddot{u}^2}. \tag{49}$$

Hohe Durchgangsdrehzahl setzt also die Grenzleistung der Maschine herab. Dabei darf die spezifische Fliehkraft nicht zu groß werden.

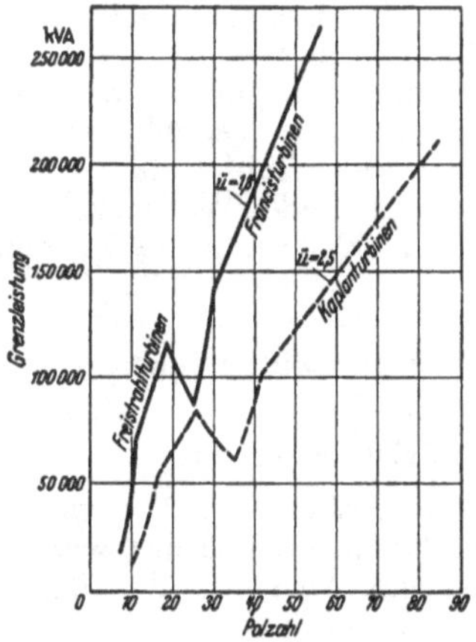

Bild 60. Grenzleistung von Wasserkraftgeneratoren.

Bild 60 zeigt die Grenzleistung für Wasserkraftgeneratoren in Abhängigkeit von der Polzahl für $\ddot{u}$ = 1,8 und 2,5. Den Kurven liegen folgende Annahmen zugrunde:

C = 360 kVA sm^{-3}, Frequenz f = 50 Hz, ideelle Eisenlänge l_i = 2,5 m und

	für geschmiedete Läufer	für Schichtpolräder
maximale Umfangsgeschwindigkeit $v_{\ddot{u}}$ m/s	150	130
spezifische Fliehkraft kp/kg	1500	500

Bei Turbogeneratoren ist der Durchmesser durch die Fliehkraft auf etwa 1,1 m begrenzt. Die Länge des Induktorballens kann mit Rücksicht auf die kritischen Drehzahlen nicht beliebig gewählt werden und ist auf etwa 6 m begrenzt. Große Turbogeneratoren laufen meist zwischen der ersten und zweiten kritischen Drehzahl.

Luftgekühlte Turbogeneratoren für 3000 U/min baut man heute bis etwa 50 MVA. Darüber hinaus wird als

Kühlmittel Wasserstoff benutzt. Mit direkter Leiterkühlung des Läufers (s. S. 25) sind Leistungen von 250 MVA bei 3000 U/min und mehr zu erreichen. In jüngster Zeit hat man auch die Ständerwicklung direkt gekühlt, indem man Kühlmittel durch Kanäle im Kupfer führt. Als solche werden Öl, hochreines Wasser oder Wasserstoff benutzt. Damit sind Leistungen von 500 MVA bei 3000 U/min erreicht worden.

XIV. Reluktanzgeneratoren für Mittelfrequenz

(Schrifttum 13)

a) Der homopolare Reluktanzgenerator

Vornehmlich für die induktive Erwärmung von Schmiedestücken und für die induktive Oberflächenhärtung werden einphasige Generatoren für Frequenzen von 2 ··· 10 kHz

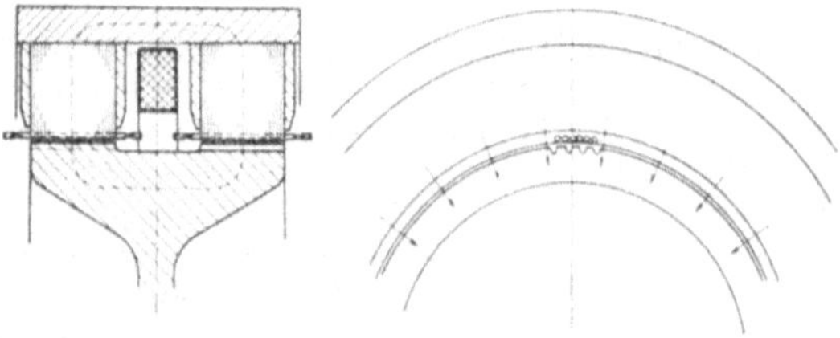

Bild 61. Homopolarer Reluktanzgenerator.

benötigt. Die Leistung dieser Maschinen liegt zwischen 10 und 500 kVA bei Spannungen bis etwa 2000 V. Wegen der allgemeinen Beziehung $v = 2f \cdot \tau_p$ werden bei diesen hohen Frequenzen die Polteilungen so klein, daß man auf dem Läufer keine Erregerspulen mehr unterbringen kann. Der Läufer besteht hier nur aus einem unbewickelten Zahnrad. Die früher viel gebaute homopolare Reluktanzmaschine zeigt Bild 61. Eine ringförmige Erregerspule erregt einen wirbelförmigen magnetischen Fluß, der zweimal den Luftspalt durchsetzt. Infolge der Zahnung des Läufers ändert sich der mit einer Ständerspule verkettete Fluß beim Vorbeistreichen des Läufers zwischen Φ_{max} und Φ_{min}. Diese Flußänderung induziert die EMK der Wechselstromwicklung. Eine Zahnteilung entspricht einer Periode, also zwei Polteilungen (Anzahl der Zähne Z = Polpaarzahl p).

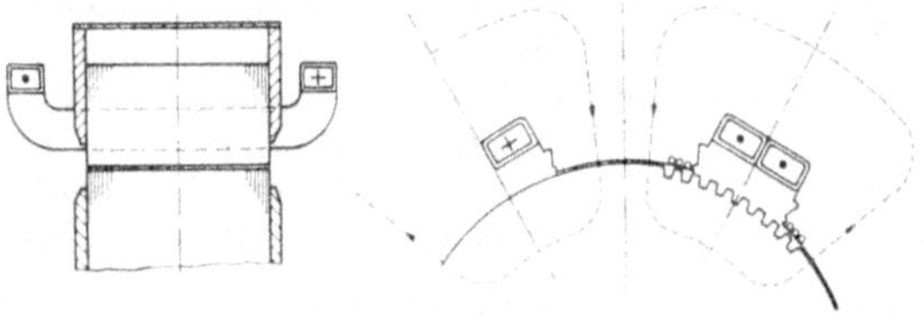

Bild 62. Heteropolarer Reluktanzgenerator (Schmidt-Lorenz-Maschine).

b) Der heteropolare Reluktanzgenerator (Schmidt-Lorenz-Maschine)

Der in Bild 62 gezeigte Ständerschnitt zeigt große Erregernuten und viele kleine Wechselstromnuten. Es entsteht ein mehrpoliges Erregerfeld, das durch das Zahnrad moduliert wird. Die Erzeugung der EMK in den Spulen erfolgt nach dem Reluktanzprinzip wie unter a). Wegen des Erregerfeldes muß der Läufer lamelliert sein.

c) Der Schwingfeld-Generator (Guy-Maschine) (Bild 63)

Auch hier enthält das Ständerblech die Nuten für die Wechselstromwicklung und die Erregerwicklung. Letztere sind genau eine (bei hohen Frequenzen auch mehrere) Zahnteilung des Läufers breit. Infolgedessen stehen in benachbarten Halbpolen abwechselnd Ständerzahn gegenüber Läuferzahn und Ständerzahn gegenüber Läufernut. Der eine Halbpol führt daher den Fluß Φ_{max} der andere Φ_{min}. Dreht sich

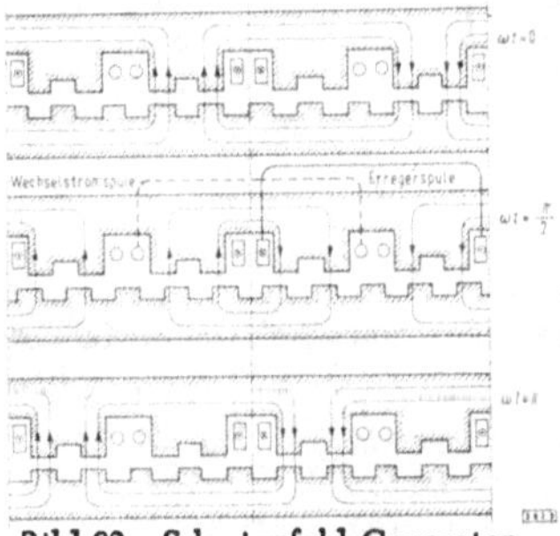

Bild 63. Schwingfeld-Generator (Guy-Maschine).

der Läufer um eine halbe Zahnteilung, so ändert sich der Fluß in den Halbpolen, der Fluß der Erregerspulen schwingt also von einem zum anderen Halbpol und induziert in der Wechselpolspule eine EMK.

Der Vorteil der Guy-Maschine ist der, daß die Anzahl, Größe und Weite der Wechselpolspulen nicht mehr durch die Zähnezahl des Läufers gegeben ist.

Die Zahl der Läuferzähne ist jedoch nicht mehr frei wählbar. Ist P die Polpaarzahl der Erregerwicklung, so entstehen $4\,P$ Halbpole mit je z Zähnen. Bei einer Nutbreite von einer Zahnteilung ist die Läuferzähnezahl

$$Z = 4\,P\,(z + \tfrac{1}{2}).$$

d) Eigenschaften der Reluktanzgeneratoren

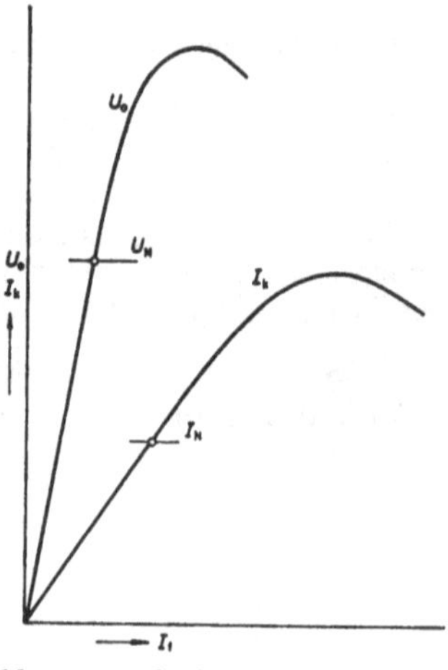

Bild 64. Leerlauf- und Kurzschlußkennlinie eines Reluktanzgenerators.

Alle Reluktanzgeneratoren zeigen eine Leerlaufkennlinie (Bild 64), die zunächst mit dem Erregerstrom ansteigt, einen Höchstwert erreicht und dann mit steigender Erregung wieder abfällt. Die Erscheinung beruht darauf, daß mit steigender Sättigung der Zähne des Ständers und Läufers Φ_{max} sich weniger erhöht als Φ_{min}, so daß die die Spannung induzierende Flußdifferenz $\Phi_{max} - \Phi_{min}$ einen Höchstwert hat. Auch die Kurzschlußkennlinie fällt bei hohen Erregungen wieder ab. Im Gegensatz zur normalen Synchronmaschine, deren Leistungen durch Erhöhung des Erregerstromes stets noch gesteigert werden kann, besitzen die Reluktanzgeneratoren eine physikalische

Höchstleistung. Erhöht man den Erregerstrom über den zur Höchstleistung gehörigen Wert, so sinkt die Leistung der Maschine wieder ab. Daneben hat sie natürlich, wie alle Maschinen, eine thermische Höchstleistung, die durch die Erwärmung der Wicklungen begrenzt ist.

Die Maschinen besitzen eine hohe Streureaktanz der Ankerwicklung (ca. 50 ··· 100 % und mehr). Da ihre EMK begrenzt ist, ist es von besonderer Wichtigkeit, induktive Belastungen mit ihren hohen Spannungsabfällen zu vermeiden. Sie werden daher mit $\cos\varphi = 1$, häufig auch untererregt, gefahren. Die erforderliche Blindleistung wird von Kondensatoren aufgebracht.

Da $\Phi_{max} - \Phi_{min}$ sich mit dem Luftspalt stark vermindert, ist die Einhaltung kleinster Luftspalte und damit sorgfältigste Fertigung von großer Bedeutung für die Leistungsfähigkeit der Maschinen. Die Eisenverluste werden durch Verwendung von Transformatorblechen mit hohem Siliziumgehalt von 0,35 mm Dicke, bei hohen Frequenzen auch dünner, in erträglichen Grenzen gehalten.

Sachregister

Anfangsreaktanz 64
Anfangszeitkonstante 61; 62
Ankerfeld 48 ff.
Ankerreaktanz 63
Ankerrückwirkung 59
Ankerstreuung 52
Anlaßtransformator 76
Anlaufdämpferwicklung 75
Antriebsmoment 66
Anzugsmoment 76
Äquipotentiallinie 40
Asphalt 29
Außer-Tritt-Fallen 12
Ausgleichsstrom 60

Belastung, kapazitive 72
Belüftung 23
Bemessungswerte 84
Blindlast 55
Blindstrom 71
Blondel 55
Bruchlochwicklung 31 ff.; 38
Bürste 23

Dämpferwicklung 20; 47; 48; 60; 67; 75
Dauerkurzschlußstrom 61
Drehfeld 43
Drehmoment 53
Drehmoment, schwankendes 16
Drehzahl, synchrone 11
Dreieckschaltung 37
Dunkelschaltung 69
Durchflutung 42; 53
Durchflutungsdiagramm 48
Durchgangsdrehzahl 17
Durchmesserwicklung 31

Einphasenmaschine 47
Einzelpolläufer 17
Einzelverlustverfahren 80
Eisenverluste, Messung der 81
EMK der Ankerwicklung 53
Erregeranordnungen 72
Erregerdiagramm 53 ff.
Erregerdurchflutung 53
Erregerdurchflutung, gleichwertige 48 ff.
Erregerfeld 39
Erregermaschine 72
Erregerumformer 75
Erregerverluste, Bestimmung der 81
Erregerwicklung 19
Erregungsgeschwindigkeit 73
Erwärmungsmessung 82
Essonscher Leistungswert 84

Feldbild 39 ff.
Felderregerkurve 41 ff.; 48
Feldkurve 35; 40
Feldkurve des Ankerfeldes 50 ff.
Feldlinie 40
Fluß, magnetischer 34
Formfaktor 41

Ganzlochwicklung 31; 33; 34
Gegenmoment 66
Gegenreaktanz 64
Geräusch, magnetisches 37
Generator, selbstregelnder 74
Glasgewebe 21
Gleichstrom, abklingender 61
Gleichstromzeitkonstante 61; 62
Gleitfunken 79
Glimmer 29
Glimmschutz, 30
Grenzleistung 84
Größenbemessung 83
Grundwelle 34; 40; 43; 48; 50
Guymaschine 87

Halbpol 87
Hammerkopf 18
Harmonische, dritte 37
Harmonische, höhere 35; 43
Hilfserregermaschine 73
Hilfsmotorverfahren 81
Höchstleistung der Mittelfrequenzgeneratoren 88

Induktion 34; 40
Induktor 20
Innenpolmaschine 14
Intrittfallmoment 76

Kaltluft 24
Kammkonstruktion 18
Kennlinien, stationäre 58
Kippleistung 65
Kippmoment 66
Kolbenmaschine 16; 67
Komponenten, symmetrische 64
Kompoundmasse 30
Kriechweg 29
Kühlkreislauf 25
Kunstharz 22; 29
Kunststab 28
Kurzschluß, stationärer 55

Ladeleistung 57
Lagenschema 38
Längsstellung 50
Lastverluste, Messung der 81
Lastwinkel 53; 65 ff.; 75
Läuferjoch 19
Leerlauf Kurzschlußverhältnis 57
Leistungsschwingungen 66
Leiterkühlung, direkte 25
Leitfähigkeit, relative, des Luftspalts 50
Lorenz-(Schmidt-Lorenz-)Maschine 87
Lüfter 24

Magnetischer Pfad, äußerer, innerer 54
Mikafolium 29
Mittelfrequenzgenerator 86 ff.
MKSA-Einheiten 5
Monoblockläufer 22

Nennerregerstrom, Ermittlung des 58 ff.
Nullreaktanz 64
Nuten, offene 27
Nutharmonische 37

Oberwellen 36; 43

Parallelnutläufer 22
Peltonturbine 16
Pendelgeschwindigkeit 66
Pendelungen 66
Phasenlampen 69
Plattenläufer 22
Pol, ausgeprägter 17
Pol, lamellierter 18
Polachse 49
Polbauweisen 17 ff.
Polbedeckungsverhältnis, ideelles 41
Pollücke 49
Polrad 11
Polraddurchflutung 53
Polstreuung 52
Polteilung 31; 41
Potierdreieck, Potierreaktanz 58
Prüfung der Synchronmaschine 77

Querachse 49
Querstellung 50

Reaktanz, synchrone 63
Reaktanzen 62 ff.
Reaktanzen, relative 63; 64
Reibungsverluste, Messung der 81
Reluktanzgenerator 86 ff.
Resonanz 68
Roebelstab 28; 29

Schellack 29
Schenkelpolläufer 17
Schenkelpolmaschine 49; 54
Schichtpolrad 20; 77
Schleifring 23
Schleuderdrehzahl 17
Schleuderprüfung 78
Schmidt-Lorenz-Maschine 87
Schrägung 37
Schritt 33
Schrittverkürzung 31
Schwalbenschwanz 18; 23
Schwedendiagramm 58
Schwingfeldgenerator 87
Schwingungen, erzwungene 67
Schwungrad 15; 16; 68
Sehnungsfaktor 34; 36; 44; 46
selbstregelnder Generator 74
Spannung, induzierte 33 ff.
Spannung, verkettete 37
Spulengruppe 31
Spulenisolation 29
Spulenweite 33
Spulenwicklung 26; 28
Stabwicklung 26; 28; 32
Staffelung 37
Ständer 23 ff.
Ständerwicklung 27 ff.
Sterndreieck-Anlauf 76
Stoßerregung 73
Stoßkurzschluß 57; 60
Stoßkurzschlußstrom 61
Stoßkurzschlußversuch 78
Stoßkurzschluß-Wechselstrom 61
Streufelder 52
Streugrade 55
Streuprobe 80
Streureaktanz 52; 53
Streuspannung 47; 52
Streuung 60; 61
Strombelag 45; 83

Stromkräfte 30
Stromrichtererregung 73
Synchronisieren 68
Synchronisiergerät 69; 71
Synchronmotor 12; 68; 75

Trägheitsmoment 16; 67
Turbogenerator 16; 41; 85
Turboverdichter 18

Übererregungsverfahren 82
Übergangs-Reaktanz 64
Übergangs-Wechselstrom 61
Übergangs-Zeitkonstante 61; 62
Uhrenmotor 13
Ultraschallprüfung 21
Umfangsgeschwindigkeit 34; 84; 85
Umlaufschaltung 69
Umpressung 26
Urwicklung 32

Verluste, Messung der 80
Vollpolläufer 20
Vollpolmaschine 48; 53

Warmlaufbank 21
Warmluft 24
Wasserstoffkühlung 25; 85
Wechselfeld 45
Welle, senkrechte 16
Wellenwicklung 32
Wickelkopf 29; 30
Wicklung, gesehnte 31; 47
Wicklungsfaktor 36
Wicklungsprüfung 79
Wicklungsschema 31
Widerstand, ohmscher 53
Windungsprüfung 79
Winkel, elektrischer 35
Winkelgeschwindigkeit, synchrone 66
Wirkleistung 71

Zonenbreite 41
Zonenfaktor 35; 36; 44; 46
Zusatzverluste, Messung der 81
Zweige, parallele 32
Zweischichtwicklung 31

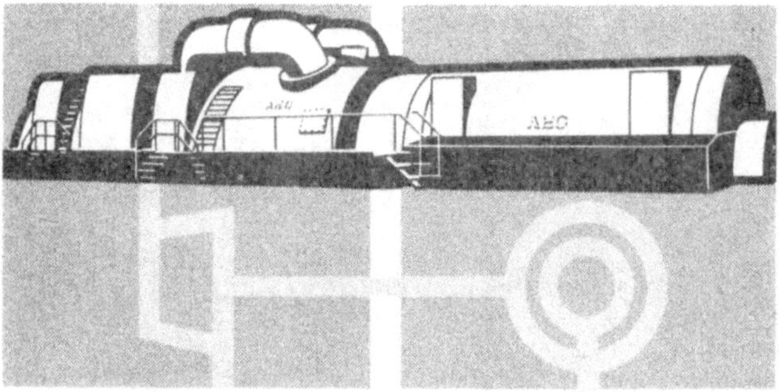

Felderregung über Stromrichter

Die übliche Art der Felderregung über eine mit dem Generator gekuppelte Erregermaschine wird von der AEG mit dem Einsatz von Stromrichtern um eine neue Möglichkeit erweitert. Die Verwendung der Stromrichtererregung sollte geprüft werden, wenn der zur Verfügung stehende Platz im Kraftwerk für die Längsausdehnung des Turbosatzes beschränkt ist oder an den Generator ein weiteres Maschinenteil angekuppelt wird: Ein zweiter Generator, ein Turbinenteil oder eine Kesselspeisepumpe.

Spannungsschwankungen bei starken Blindlaststößen in Industriekraftwerken können durch die guten Regeleigenschaften der Stromrichter in sehr engen Grenzen gehalten werden.

Stromrichter arbeiten bei einem hohen Wirkungsgrad wartungsfrei und verschleißlos und erreichen eine hohe Lebensdauer. Die erste Anlage hat bei einer fast 2-jährigen Betriebsdauer beste Ergebnisse gebracht.

AEG

ALLGEMEINE ELEKTRICITÄTS-GESELLSCHAFT

Kunststoffe
Hartpapier
Preßspan
Vulkanfiber
Folien
G.E. Kuhnel
KUNST- UND WERKSTOFFE SEIT 1918
5 KÖLN 1
POSTFACH 1088
Anker-Material
Kollektoren
Lack-, Dynamo- u.
Widerstandsdrähte

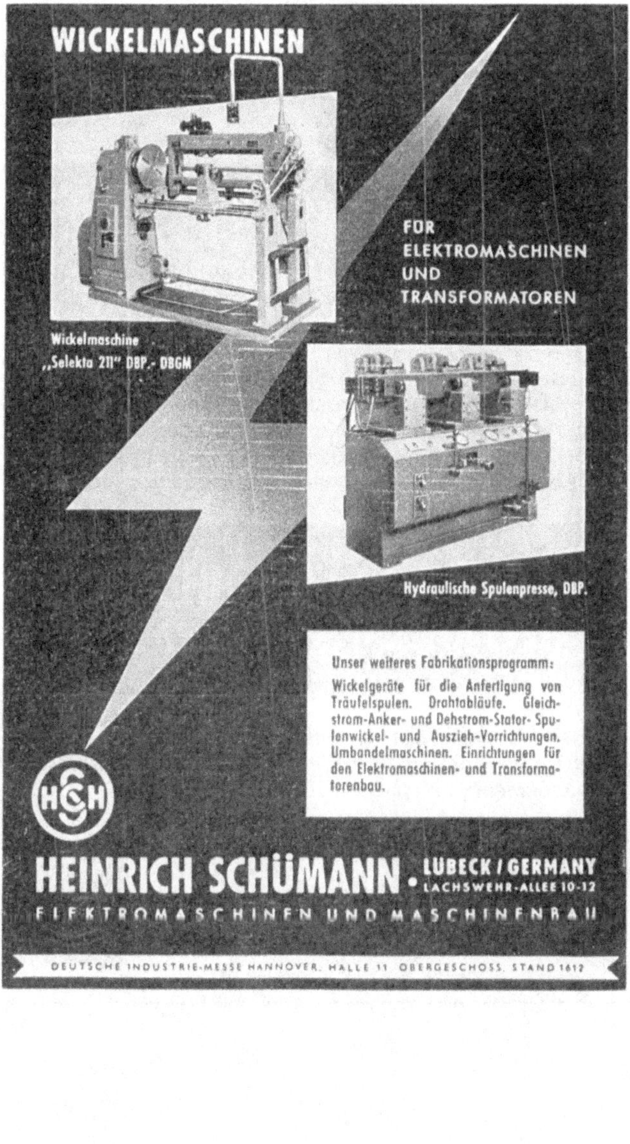
WICKELMASCHINEN
FÜR ELEKTROMASCHINEN UND TRANSFORMATOREN
Wickelmaschine „Selekta 211" DBP.- DBGM
Hydraulische Spulenpresse, DBP.
Unser weiteres Fabrikationsprogramm:
Wickelgeräte für die Anfertigung von Träufelspulen. Drahtabläufe. Gleichstrom-Anker- und Dehstrom-Stator- Spulenwickel- und Auszieh-Vorrichtungen. Umbandelmaschinen. Einrichtungen für den Elektromaschinen- und Transformatorenbau.
HSH
HEINRICH SCHÜMANN
LÜBECK / GERMANY
LACHSWEHR-ALLEE 10-12
ELEKTROMASCHINEN UND MASCHINENBAU
DEUTSCHE INDUSTRIE-MESSE HANNOVER, HALLE 11 OBERGESCHOSS, STAND 1612

GESAMTVERZEICHNIS

der

SAMMLUNG GÖSCHEN

Jeder Band DM 3,60 · Doppelband DM 5,80

Februar 1962

WALTER DE GRUYTER & CO., BERLIN W 30

Inhaltsübersicht

	Seite
Biologie	13
Botanik	14
Chemie	12
Deutsche Sprache und Literatur	6
Elektrotechnik	15
Englisch	7
Erd- und Länderkunde	9
Geologie	15
Germanisch	7
Geschichte	5
Griechisch	8
Hebräisch	8
Hoch- und Tiefbau	18
Indogermanisch	7
Kartographie	9
Kristallographie	15
Kunst	5
Land- und Forstwirtschaft	15
Lateinisch	8
Maschinenbau	16
Mathematik	10
Mineralogie	15
Musik	4
Pädagogik	3
Philosophie	3
Physik	12
Psychologie	3
Publizistik	9
Religion	4
Romanisch	7
Russisch	8
Sanskrit	8
Soziologie	3
Statistik	9
Technik	15
Technologie	13
Volkswirtschaft	9
Vermessungswesen	18
Wasserbau	17
Zoologie	14
Autorenregister	23
Bandnummernfolge	19

Geisteswissenschaften

Philosophie

Einführung in die Philosophie von *H. Leisegang †*. 4. Auflage. 145 Seiten. 1960. (281)

Hauptprobleme der Philosophie von *G. Simmel †*. 7., unveränderte Auflage. 177 Seiten. 1950. (500)

Geschichte der Philosophie

I: Die griechische Philosophie von *W. Capelle*. 1. Teil. Von Thales bis Leukippos. 2., erweiterte Auflage. 135 Seiten. 1953. (857)

II: Die griechische Philosophie von *W. Capelle*. 2. Teil. Von der Sophistik bis zum Tode Platons. 2., stark erweiterte Auflage. 144 Seiten. 1953. (858)

III: Die griechische Philosophie von *W. Capelle*. 3. Teil. Vom Tode Platons bis zur Alten Stoa. 2., stark erweiterte Auflage. 132 Seiten. 1954. (859)

IV: Die griechische Philosophie von *W. Capelle*. 4. Teil. Von der Alten Stoa bis zum Eklektizismus im 1. Jh. v. Chr. 2., stark erweiterte Auflage. 132 Seiten. 1954. (863)

V: Die Philosophie des Mittelalters von *J. Koch*. In Vorbereitung. (826)

VI: Von der Renaissance bis Kant von *K. Schilling*. 234 Seiten. 1954. (394/394 a)

VII: Immanuel Kant von *G. Lehmann*. In Vorbereitung. (536)

VIII: Die Philosophie des 19. Jahrhunderts von *G. Lehmann*. 1. Teil. 151 Seiten. 1953. (571)

IX: Die Philosophie des 19. Jahrhunderts von *G. Lehmann*. 2. Teil. 168 Seiten. 1953. (709)

X: Die Philosophie im ersten Drittel des 20. Jahrhunderts 1. Teil von G. *Lehmann*. 128 Seiten. 1957. (845)

XI: Die Philosophie im ersten Drittel des 20. Jahrhunderts 2. Teil von *G. Lehmann*. 114 Seiten. 1960. (850)

Die geistige Situation der Zeit (1931) von *K. Jaspers*. 5., unveränderter Abdruck der im Sommer 1932 bearbeiteten 5. Auflage. 211 Seiten. 1960. (1000)

Erkenntnistheorie von *G. Kropp*.
1. Teil: Allgemeine Grundlegung. 143 Seiten. 1950. (807)

Formale Logik von *P. Lorenzen*. 2. Auflage. 165 Seiten. 1962. In Vorbereitung. (1176/1176 a)

Philosophisches Wörterbuch von *M. Apel †*. 5., völlig neubearbeitete Auflage von *P. Ludz*. 315 Seiten. 1958. (1031/1031 a)

Philosophische Anthropologie. Menschliche Selbstdeutung in Geschichte und Gegenwart von *M. Landmann*. 266 Seiten. 1955. (156/156 a)

Pädagogik, Psychologie, Soziologie

Geschichte der Pädagogik von *Herm. Weimer*. 15., neubearbeitete und vermehrte Auflage von *Heinz Weimer*. 181 Seiten. 1962. (145)

Therapeutische Psychologie. Ihr Weg durch die Psychoanalyse von *W. M. Kranefeldt*. Mit einer Einführung von *C. G. Jung*. 3. Auflage. 152 Seiten. 1956. (1034)

Allgemeine Psychologie von *Th. Erismann.* 3 Bände. 2., neubearbeitete Auflage.
I: Grundprobleme. 146 Seiten. 1958. (831)
II: Grundarten des physischen Geschehens. 248 Seiten. 1959. (832/832 a)
III: Psychologie der Persönlichkeit. Etwa 306 Seiten, 26 Abbildungen. 1962. (833/833 a)

Soziologie. Geschichte und Hauptprobleme von *L. von Wiese.* 6. Auflage. 175 Seiten. 1960. (101)

Ideengeschichte der sozialen Bewegung des 19. und 20. Jh. von *W. Hofmann.* 1962. In Vorbereitung. (1205)

Sozialpsychologie von *P. R. Hofstätter.* 181 Seiten, 15 Abbildungen, 22 Tabellen. 1956. (104/104 a)

Psychologie des Berufs- und Wirtschaftslebens von *W. Moede †.* 190 Seiten, 48 Abbildungen. 1958. (851/851 a)

Industrie- und Betriebssoziologie von *R. Dahrendorf.* 2. Auflage. 136 Seiten, 3 Figuren. 1962. (103)

Religion

Jesus von *M. Dibelius †.* 3. Auflage, mit einem Nachtrag von *W. G. Kümmel.* 140 Seiten. 1960. (1130)

Paulus von *M. Dibelius †.* Nach dem Tode des Verfassers herausgegeben und zu Ende geführt von *W. G. Kümmel.* 2., durchgesehene Auflage. 155 Seiten. 1956. (1160)

Luther von *F. Lau.* 151 Seiten. 1959. (1187)

Melanchthon von *R. Stupperich.* 139 Seiten. 1960. (1190)

Einführung in die Konfessionskunde der orthodoxen Kirchen von *K. Onasch.* 291 Seiten. 1962. (1197/1197 a)

Geschichte des christlichen Gottesdienstes von *W. Nagel.* In Vorbereitung. (1202)

Geschichte Israels. Von den Anfängen bis zur Zerstörung des Tempels (70 n. Chr.) von *E. L. Ehrlich.* 158 Seiten, 1 Tafel. 1958. (231/231 a)

Römische Religionsgeschichte von *F. Altheim.* 2 Bände. 2., umgearbeitete Auflage.
I: Grundlagen und Grundbegriffe. 116 Seiten. 1956. (1035)
II: Der geschichtliche Ablauf. 164 Seiten. 1956. (1052)

Musik

Musikästhetik von *H. J. Moser.* 180 Seiten. Mit zahlreichen Notenbeispielen. 1953. (344)

Systematische Modulation von *R. Hernried.* 2. Auflage. 136 Seiten. Mit zahlreichen Notenbeispielen. 1950. (1094)

Der polyphone Satz von *E. Pepping.* 2 Bände.
I: Der cantus-firmus-Satz. 2. Auflage. 223 Seiten. Mit zahlreichen Notenbeispielen. 1950. (1148)
II: Übungen im doppelten Kontrapunkt und im Kanon. 137 Seiten. Mit zahlreichen Notenbeispielen. 1957. (1164/1164 a)

Allgemeine Musiklehre von *H. J. Moser.* 2., durchgesehene Auflage. 155 Seiten. Mit zahlreichen Notenbeispielen. 1955. (220/220 a)

Harmonielehre von *H. J. Moser.* 2 Bände.
I: 109 Seiten. Mit 120 Notenbeispielen. 1954. (809)

Die Musik des 19. Jahrhunderts von *W. Oehlmann.* 180 Seiten. 1953. (170)

Die Musik des 20. Jahrhunderts von *W. Oehlmann.* 312 Seiten. 1961. (171/171 a)

Technik der deutschen Gesangskunst von *H. J. Moser*. 3., durchgesehene und verbesserte Auflage. 144 Seiten, 5 Figuren sowie Tabellen und Notenbeispiele. 1954. (576/576a)

Die Kunst des Dirigierens von *H. W. von Waltershausen †*. 2., vermehrte Auflage. 138 Seiten. Mit 19 Notenbeispielen. 1954. (1147)

Die Technik des Klavierspiels aus dem Geiste des musikalischen Kunstwerkes von *K. Schubert †*. 3. Auflage. 110 Seiten. Mit Notenbeispielen. 1954. (1045)

Kunst

Stilkunde von *H. Weigert*. 2 Bände. 3., durchgesehene und ergänzte Auflage.
- I: Vorzeit, Antike, Mittelalter. 136 Seiten, 94 Abbildungen. 1958. (80)
- II: Spätmittelalter und Neuzeit. 150 Seiten, 88 Abbildungen. 1958. (781)

Archäologie von *A. Rumpf*. 2 Bände.
- I: Einleitung, historischer Überblick. 143 Seiten, 6 Abbildungen, 12 Tafeln. 1953. (538)
- II: Die Archäologensprache. Die antiken Reproduktionen. 136 Seiten, 7 Abbildungen, 12 Tafeln. 1956. (539)

Geschichte

Einführung in die Geschichtswissenschaft von *P. Kirn*. 3., durchgesehene Auflage. 128 Seiten. 1959. (270)

Einführung in die Zeitgeschichte von *B. Scheurig*. 1962. In Vorbereitung. (1204)

Zeitrechnung der römischen Kaiserzeit, des Mittelalters und der Neuzeit für die Jahre 1—2000 n. Chr. von *H. Lietzmann †*. 3. Auflage, durchgesehen von *K. Aland*. 130 Seiten. 1956. (1085)

Kultur der Urzeit von *F. Behn*. 3 Bände. 4. Auflage der Kultur der Urzeit Bd. 1—3 von *M. Hoernes*.
- I: Die vormetallischen Kulturen. (Die Steinzeiten Europas. Gleichartige Kulturen in anderen Erdteilen.) 172 Seiten, 48 Abbildungen. 1950. (564)
- II: Die älteren Metallkulturen. (Der Beginn der Metallbenutzung. Kupfer- und Bronzezeit in Europa, im Orient und in Amerika.) 160 Seiten, 67 Abbildungen. 1950. (565)
- III: Die jüngeren Metallkulturen. (Das Eisen als Kulturmetall, Hallstatt-Latène-Kultur in Europa. Das erste Auftreten des Eisens in den anderen Weltteilen.) 149 Seiten, 60 Abbildungen. 1950. (566)

Vorgeschichte Europas von *F. Behn*. Völlig neue Bearbeitung der 7. Auflage der „Urgeschichte der Menschheit" von *M. Hoernes*. 125 Seiten, 47 Abbildungen. 1949. (42)

Der Eintritt der Germanen in die Geschichte von *J. Haller †*. 3. Auflage, durchgesehen von *H. Dannenbauer*. 120 Seiten, 6 Kartenskizzen. 1957. (1117)

Von den Karolingern zu den Staufern. Die altdeutsche Kaiserzeit (900—1250) von *J. Haller †*. 4., durchgesehene Auflage von *H. Dannenbauer*. 142 Seiten, 4 Karten. 1958. (1065)

Von den Staufern zu den Habsburgern. Auflösung des Reichs und Emporkommen der Landesstaaten (1250—1519) von *J. Haller †*. 2., durchgesehene Auflage von *H. Dannenbauer*. 118 Seiten, 6 Kartenskizzen. 1960. (1077)

Deutsche Geschichte im Zeitalter der Reformation, der Gegenreformation und des dreißigjährigen Krieges von *F. Hartung*. 129 Seiten. 1951. (1105)

Deutsche Geschichte von 1648 – 1740. Politischer und geistiger Wiederaufbau von *W. Treue*. 120 Seiten. 1956. (35)

Deutsche Geschichte von 1713 – 1806. Von der Schaffung des europäischen Gleichgewichts bis zu Napoleons Herrschaft von *W. Treue*. 168 Seiten. 1957. (39)

Deutsche Geschichte von 1806 – 1890. Vom Ende des alten bis zur Höhe des neuen Reiches von *W. Treue*. 128 Seiten. 1961. (893)

Deutsche Geschichte von 1890 bis zur Gegenwart von *W. Treue*. In Vorbereitung. (894)

Quellenkunde der Deutschen Geschichte im Mittelalter (bis zur Mitte des 15. Jahrhunderts) von *K. Jacob †*. 3 Bände.
I: Einleitung. Allgemeiner Teil. Die Zeit der Karolinger. 6. Auflage, bearbeitet von *H. Hohenleutner*. 127 Seiten. 1959. (279)
II: Die Kaiserzeit (911—1250). 5. Auflage, neubearbeitet von *H. Hohenleutner*. 141 Seiten. 1961. (280)
III: Das Spätmittelalter (vom Interregnum bis 1500). Herausgegeben von *F. Weden*. 152 Seiten. 1952. (284)

Geschichte Englands von *H. Preller*. 2 Bände.
I: bis 1815. 3., stark umgearbeitete Auflage. 135 Seiten, 7 Stammtafeln, 2 Karten. 1952. (375)
II: Von 1815 bis 1910. 2., völlig umgearbeitete Auflage. 118 Seiten, 1 Stammtafel, 7 Karten. 1954. (1088)

Römische Geschichte von *F. Altheim*. 4 Bände. 2., verbesserte Auflage.
I: Bis zur Schlacht bei Pydna (168 v. Chr.). 124 Seiten. 1956. (19)
II: Bis zur Schlacht bei Actium (31 v. Chr.). 129 Seiten. 1956. (677)
III: Bis zur Schlacht an der Milvischen Brücke (312 n. Chr.). 148 Seiten. 1958. (679)
IV: Bis zur Schlacht am Yarmuk (636 n. Chr.). In Vorbereitung. (684)

Geschichte der Vereinigten Staaten von Amerika von *O. Graf zu Stolberg-Wernigerode*. 192 Seiten, 10 Karten. 1956. (1051/1051 a)

Deutsche Sprache und Literatur

Geschichte der Deutschen Sprache von *H. Sperber*. 3. Auflage, besorgt von *W. Fleischhauer*. 128 Seiten. 1958. (915)

Deutsches Rechtschreibungswörterbuch von *M. Gottschald †*. 2., verbesserte Auflage. 219 Seiten. 1953. (200/200 a)

Deutsche Wortkunde. Kulturgeschichte des deutschen Wortschatzes von *A. Schirmer*. 4. Auflage von *W. Mitzka*. 123 Seiten. 1960. (929)

Deutsche Sprachlehre von *W. Hofstaetter*. 10. Auflage. Völlige Umarbeitung der 8. Auflage. 150 Seiten. 1960. (20)

Stimmkunde für Beruf, Kunst und Heilzwecke von *H. Biehle*. 111 Seiten. 1955. (60)

Redetechnik. Einführung in die Rhetorik von *H. Biehle*. 2., erweiterte Auflage. 151 Seiten. 1961. (61)

Sprechen und Sprachpflege (Die Kunst des Sprechens) von *H. Feist*. 2., verbesserte Auflage. 99 Seiten, 25 Abbildungen. 1952. (1122)

Deutsches Dichten und Denken von der germanischen bis zur staufischen Zeit von *H. Naumann †*. (Deutsche Literaturgeschichte vom 5.—13. Jahrhundert.) 2., verbesserte Auflage. 166 Seiten. 1952. (1121)

Deutsches Dichten und Denken vom Mittelalter zur Neuzeit von *G. Müller* (1270 bis 1700). 2., durchgesehene Auflage. 159 Seiten. 1949. (1086)

Deutsches Dichten und Denken von der Aufklärung bis zum Realismus (Deutsche Literaturgeschichte von 1700—1890) von *K. Viëtor †*. 3., durchgesehene Auflage. 159 Seiten. 1958. (1096)

Der Nibelunge Nôt in Auswahl mit kurzem Wörterbuch von *K. Langosch*. 10., durchgesehene Auflage. 164 Seiten. 1956. (1)

Kudrun und Dietrich-Epen in Auswahl mit Wörterbuch von *O. L. Jiriczek*. 6. Auflage, bearbeitet von *R. Wisniewski*. 173 Seiten. 1957. (10)

Wolfram von Eschenbach. Parzival. Eine Auswahl mit Anmerkungen und Wörterbuch von *H. Jantzen*. 2. Auflage, bearbeitet von *H. Kolb*. 128 Seiten. 1957. (921)

Hartmann von Aue. Der arme Heinrich nebst einer Auswahl aus der „Klage", dem „Gregorius" und den Liedern (mit einem Wörterverzeichnis) herausgegeben von *F. Maurer*. 96 Seiten. 1958. (18)

Gottfried von Strassburg in Auswahl herausgegeben von *F. Maurer*. 142 Seiten. 1959. (22)

Die deutschen Personennamen von *M. Gottschald †*. 2., verbesserte Auflage. 151 Seiten. 1955. (422)

Althochdeutsches Elementarbuch. Grammatik und Texte. 3. Auflage von *W. Betz*. 1962. In Vorbereitung. (1111)

Mittelhochdeutsche Grammatik von *H. de Boor* und *R. Wisniewski*. 2., verbesserte und ergänzte Auflage. 142 Seiten. 1960. (1108)

Indogermanisch, Germanisch

Indogermanische Sprachwissenschaft von *H. Krahe*. 2 Bände.
I: Einleitung und Lautlehre. 4. Auflage. 106 Seiten. 1962. In Vorbereitung. (59)
II: Formenlehre. 3., neubearbeitete Auflage. 124 Seiten. 1959. (64)

Gotisches Elementarbuch. Grammatik, Texte mit Übersetzung und Erläuterungen. Mit einer Einleitung von *H. Hempel*. 3., umgearbeitete Auflage. 166 Seiten. 1962. (79/79a)

Germanische Sprachwissenschaft von *H. Krahe*. 2 Bände. 4., überarbeitete Auflage.
I: Einleitung und Lautlehre. 147 Seiten. 1960. (238)
II: Formenlehre. 149 Seiten. 1961. (780)

Altnordisches Elementarbuch. Schrift, Sprache, Texte mit Übersetzung und Wörterbuch von *F. Ranke*. 2., durchgesehene Auflage. 146 Seiten. 1949. (1115)

Englisch, Romanisch

Altenglisches Elementarbuch von *M. Lehnert*. Einführung, Grammatik, Texte mit Übersetzung und Wörterbuch. 5., verbesserte Auflage. 178 Seiten. 1962. (1125)

Historische neuenglische Laut- und Formenlehre von *E. Ekwall*. 3., durchgesehene Auflage. 150 Seiten. 1956. (735)

Englische Phonetik von *H. Mutschmann †*. 117 Seiten. 1956. (601)

Englische Literaturgeschichte von *F. Schubel*. 4 Bände.
I: Die alt- und mittelenglische Periode. 163 Seiten. 1954. (1114)
II: Von der Renaissance bis zur Aufklärung. 160 Seiten. 1956. (1116)
III: Romantik und Viktorianismus. 160 Seiten. 1960. (1124)

Beowulf von *M. Lehnert*. Eine Auswahl mit Einführung, teilweiser Übersetzung, Anmerkungen und etymologischem Wörterbuch. 3., verbesserte Auflage. 135 Seiten. 1959. (1135)

Shakespeare von *P. Meißner †*. 2. Auflage, neubearbeitet von *M. Lehnert*. 136 Seiten. 1954. (1142)

Italienische Literaturgeschichte von *K. Voßler †*. 5. Auflage, neubearbeitet von *A. Noyer-Weidner*. In Vorbereitung. (125)

Romanische Sprachwissenschaft von *H. Lausberg*. 4 Bände.
I: Einleitung und Vokalismus. 160 Seiten. 1956. (128/128a)
II: Konsonantismus. 95 Seiten. 1956. (250)
III: Formenlehre. In Vorbereitung. (1199/1199a)
IV: Wortlehre. In Vorbereitung. (1200)

Griechisch, Lateinisch

Griechische Sprachwissenschaft von *W. Brandenstein*. 2 Bände.
I: Einleitung, Lautsystem, Etymologie. 160 Seiten. 1954. (117)
II: Wortbildung und Formenlehre. 192 Seiten. 1959. (118/118a)

Geschichte der griechischen Sprache. 2 Bände.
I: Bis zum Ausgang der klassischen Zeit von *O. Hoffmann †*. 3. Auflage, bearbeitet von *A. Debrunner †*. 156 Seiten. 1953. (111)
II: Grundfragen und Grundzüge des nachklassischen Griechisch von *A. Debrunner †*. 144 Seiten. 1954. (114)

Geschichte der griechischen Literatur von *W. Nestle*. 2 Bände. 3. Auflage, bearbeitet von *W. Liebich*.
I: 144 Seiten. 1961. (70) II: In Vorbereitung. (557)

Grammatik der neugriechischen Volkssprache von *J. Kalitsunakis*. 3., völlig neubearbeitete und erweiterte Auflage. 1962. In Vorbereitung. (756/756a)

Neugriechisch-deutsches Gesprächsbuch von *J. Kalitsunakis*. 2. Auflage, bearbeitet von *A. Steinmetz*. 99 Seiten. 1960. (587)

Geschichte der lateinischen Sprache von *F. Stolz*. 4. Auflage von *A. Debrunner †*. In Vorbereitung. (492)

Geschichte der römischen Literatur von *L. Bieler*. 2 Bände.
I: Die Literatur der Republik. 160 Seiten. 1961. (52)
II: Die Literatur der Kaiserzeit. 133 Seiten. 1961. (866)

Hebräisch, Sanskrit, Russisch

Hebräische Grammatik von *G. Beer †*. 2 Bände. 2., völlig neubearbeitete Auflage von *R. Meyer*.
I: Schrift-, Laut- und Formenlehre I. 3. Auflage. 157 Seiten. In Vorbereitung (763/763a)
II: Formenlehre II. Syntax und Flexionstabellen. 195 Seiten. 1955. (764/764a)

Hebräisches Textbuch zu *G. Beer-R. Meyer*, Hebräische Grammatik von *R. Meyer*. 170 Seiten. 1960. (769/769a)

Sanskrit-Grammatik von *M. Mayrhofer*. 89 Seiten. 1953. (1158)

Russische Grammatik von *E. Berneker †*. 6., verbesserte Auflage von *M. Vasmer*. 155 Seiten. 1961. (66)

Slavische Sprachwissenschaft von *H. Bräuer*. 2 Bände.
I: Einleitung, Lautlehre. 221 Seiten. 1961. (1191/1191a)

Erd- und Länderkunde, Kartographie

Afrika von *F. Jaeger*. Ein geographischer Überblick. 2 Bände. 2., umgearbeitete Auflage.
I: Der Lebensraum. 179 Seiten, 18 Abbildungen. 1954. (910)
II: Mensch und Kultur. 155 Seiten, 6 Abbildungen. 1954. (911)
Australien und Ozeanien von *H. J. Krug*. 176 Seiten, 46 Skizzen. 1953. (319)
Kartographie von *V. Heissler*. 125 Abb., mehrere Karten. 1962. In Vorbereitung. (30/30a)

Volkswirtschaft, Statistik, Publizistik

Allgemeine Betriebswirtschaftslehre von *K. Mellerowicz*. 4 Bände. 10., erweiterte und veränderte Auflage. (Bd. I und II: 11., durchgesehene Auflage)
I: 224 Seiten. 1961. (1008/1008a) II: 188 Seiten. 1962. (1153/1153a)
III: 260 Seiten. 1959. (1154/1154a) IV: 209 Seiten. 1959. (1186/1186a)
Diese 4 Bände sind in Ganzleinen gebunden zu je DM 6,30 lieferbar.
Geschichte der Volkswirtschaftslehre von *S. Wendt*. 182 Seiten. 1961. (1194)
Allgemeine Volkswirtschaftslehre von *A. Paulsen*. 4 Bände.
I: Grundlegung, Wirtschaftskreislauf. 3., durchgesehene und ergänzte Auflage. 148 Seiten. 1959. (1169)
II: Haushalte, Unternehmungen, Marktformen. 3., neubearbeitete Auflage. 166 Seiten, 32 Abbildungen. 1960. (1170)
III: Produktionsfaktoren. 2., neubearbeitete und ergänzte Auflage. 200 Seiten. 1961. (1171)
IV: Gesamtbeschäftigung, Konjunkturen, Wachstum. 2. Auflage. 174 Seiten. 1962. (1172)
Allgemeine Volkswirtschaftspolitik von *H. Ohm*. 2 Bände.
I: Systematisch-Theoretische Grundlegung. 137 Seiten, 6 Abbildungen. 1962. (1195)
II: Der volkswirtschaftliche Gesamtorganismus als Objekt der Wirtschaftspolitik. In Vorbereitung. (1196)
Finanzwissenschaft von *H. Kolms*. 4 Bände.
I: Grundlegung, Öffentliche Ausgaben. 160 Seiten. 1959. (148)
II: Erwerbseinkünfte, Gebühren und Beiträge; Allgemeine Steuerlehre. 148 Seiten. 1960. (391)
III: Besondere Steuerlehre. 178 Seiten. 1962. (776)
IV: Öffentlicher Kredit. Haushaltswesen. Finanzausgleich. In Vorbereitung. (782)
Finanzmathematik von *M. Nicolas*. 192 Seiten, 11 Tafeln, 8 Tabellen und 72 Beispiele. 1959. (1183/1183a)
Industrie- und Betriebssoziologie von *R. Dahrendorf*. 2. Auflage. 136 Seiten 3 Figuren. 1962. (103)
Wirtschaftssoziologie von *F. Fürstenberg*. 122 Seiten. 1961. (1193)
Psychologie des Berufs- und Wirtschaftslebens von *W. Moede* †. 190 Seiten, 48 Abbildungen. 1958. (851/851a)
Allgemeine Methodenlehre der Statistik von *J. Pfanzagl*. 2 Bände.
I: Elementare Methoden unter besonderer Berücksichtigung der Anwendungen in den Wirtschafts- und Sozialwissenschaften. 205 Seiten, 35 Abbildungen. 1960. (746/746a)
II: Höhere Methoden unter besonderer Berücksichtigung der Anwendungen in Naturwissenschaft, Medizin und Technik. 295 Seiten, 39 Abbildungen. 1962. (747/747a)

Zeitungslehre von *E. Dovifat.* 2 Bände. 4., neubearbeitete Auflage.
I: Theoretische und rechtliche Grundlagen — Nachricht und Meinung — Sprache und Form. 148 Seiten. 1962. (1039)
II: Redaktion — Die Sparten: Verlag und Vertrieb, Wirtschaft und Technik, Sicherung der öffentlichen Aufgabe. 168 Seiten. 1962. (1040)

Naturwissenschaften

Mathematik

Geschichte der Mathematik von *J. E. Hofmann.* 4 Bände.
I: Von den Anfängen bis zum Auftreten von Fermat und Descartes. 2. Auflage. 200 Seiten. 1962. In Vorbereitung. (226/226 a)
II: Von Fermat und Descartes bis zur Erfindung des Calculus und bis zum Ausbau der neuen Methoden. 109 Seiten. 1957. (875)
III: Von den Auseinandersetzungen um den Calculus bis zur französischen Revolution. 107 Seiten. 1957. (882)
IV: Geschichte der Mathematik der neuesten Zeit von *N. Stuloff.* In Vorbereitung. (883)

Mathematische Formelsammlung von *F. O. Ringleb.* 7., erweiterte Auflage. 320 Seiten, 40 Figuren. 1960. (51/51 a)

Vierstellige Tafeln und Gegentafeln für logarithmisches und trigonometrisches Rechnen in zwei Farben zusammengestellt von *H. Schubert* und *R. Haussner.* 3., neubearbeitete Auflage von *J. Erlebach.* 158 Seiten. 1960. (81)

Fünfstellige Logarithmen von *A. Adler.* Mit mehreren graphischen Rechentafeln und häufig vorkommenden Zahlenwerten. 4. Auflage, überarbeitet von *J. Erlebach.* 127 Seiten, 1 Tafel. In Vorbereitung. (423)

Arithmetik von *P. B. Fischer †.* 3. Auflage von *H. Rohrbach.* 152 Seiten, 19 Abbildungen. 1958. (47)

Höhere Algebra von *H. Hasse.* 2 Bände. 4., durchgesehene Auflage.
I: Lineare Gleichungen. 152 Seiten. 1957. (931)
II: Gleichungen höheren Grades. 158 Seiten, 5 Figuren. 1958. (932)

Aufgabensammlung zur höheren Algebra von *H. Hasse* und *W. Klobe.* 3., verbesserte Auflage. 183 Seiten. 1961. (1082)

Elementare und klassische Algebra vom modernen Standpunkt von *W. Krull.* 2 Bände.
I: 2., erweiterte Auflage. 136 Seiten. 1952. (930)
II: 132 Seiten. 1959. (933)

Algebraische Kurven und Flächen von *W. Burau.* 2 Bände.
I: Algebraische Kurven der Ebene. 153 Seiten, 28 Figuren. 1962. (435)
II: Algebraische Flächen 3. Grades und Raumkurven 3. und 4. Grades. 1962. In Vorbereitung. (436)

Einführung in die Zahlentheorie von *A. Scholz †.* Überarbeitet und herausgegeben von *B. Schoeneberg.* 3. Auflage. 128 Seiten. 1961. (1131)

Formale Logik von *P. Lorenzen.* 2. Auflage. 165 Seiten. 1962. (1176/1176 a)

Topologie von *W. Franz.* 2 Bände.
I: Allgemeine Topologie. 144 Seiten, 9 Figuren. 1960. (1181)

Elemente der Funktionentheorie von *K. Knopp †.* 5. Auflage. 144 Seiten, 23 Fig. 1959. (1109)

Funktionentheorie von *K. Knopp* †. 2 Bände. 10. Auflage.
I: Grundlagen der allgemeinen Theorie der analytischen Funktionen. 144 Seiten, 8 Figuren. 1961. (668)
II: Anwendungen und Weiterführung der allgemeinen Theorie. 130 Seiten, 7 Figuren. 1962. (703)
Aufgabensammlung zur Funktionentheorie von *K. Knopp* †. 2 Bände.
I: Aufgaben zur elementaren Funktionentheorie. 6. Auflage. 135 Seiten. In Vorbereitung. (877)
II: Aufgaben zur höheren Funktionentheorie. 5. Auflage. 151 Seiten. 1959. (878)
Differential- und Integralrechnung von *M. Barner*. (Früher *Witting*). 4 Bände.
I: Grenzwertbegriff, Differentialrechnung. 176 Seiten. 1961. (86/86a)
Gewöhnliche Differentialgleichungen von *G. Hoheisel*. 6., neubearbeitete und erweiterte Auflage. 128 Seiten. 1960. (920)
Partielle Differentialgleichungen von *G. Hoheisel*. 4., durchgesehene Auflage. 128 Seiten. 1960. (1003)
Aufgabensammlung zu den gewöhnlichen und partiellen Differentialgleichungen von *G. Hoheisel*. 4., durchgesehene und verbesserte Auflage. 124 Seiten. 1958. (1059)
Integralgleichungen von *G. Hoheisel*. 2., durchgesehene Auflage. 1962. In Vorbereitung. (1099)
Mengenlehre von *E. Kamke*. 4., verbesserte Auflage. 194 Seiten, 6 Figuren. In Vorbereitung. (999/999a)
Gruppentheorie von *L. Baumgartner*. 3., neubearbeitete Auflage. 110 Seiten, 3 Tafeln. 1958. (837)
Ebene und sphärische Trigonometrie von *G. Hessenberg* †. 5. Auflage, durchgesehen von *H. Kneser*. 172 Seiten, 60 Figuren. 1957. (99)
Darstellende Geometrie von *W. Haack*. 3 Bände.
I: Die wichtigsten Darstellungsmethoden. Grund- und Aufriß ebenflächiger Körper. 3., durchgesehene und ergänzte Auflage. 113 Seiten, 120 Abbildungen. 1960. (142)
II: Körper mit krummen Begrenzungsflächen. Kotierte Projektionen. 3., durchgesehene Auflage. 129 Seiten, 86 Abbildungen. 1962. (143)
III: Axonometrie und Perspektive. 2., durchgesehene und ergänzte Auflage. 129 Seiten, 100 Abbildungen. 1962. (144)
Analytische Geometrie von *K. P. Grotemeyer*. 2., erweiterte Auflage. 218 Seiten, 73 Abbildungen. 1962. (65/65a)
Nichteuklidische Geometrie. Hyperbolische Geometrie der Ebene von *R. Baldus* †. Durchgesehen und herausgegeben von *F. Löbell*. 3., verbesserte Auflage. 140 Seiten, 70 Figuren. 1953. (970)
Differentialgeometrie von *K. Strubecker* (früher *Rothe*). 3 Bände.
I: Kurventheorie der Ebene und des Raumes. 150 Seiten, 18 Figuren. 1955. (1113/1113a)
II: Theorie der Flächenmetrik. 195 Seiten, 14 Figuren. 1958. (1179/1179a)
III: Theorie der Flächenkrümmung. 254 Seiten, 38 Figuren. 1959. (1180/1180a)
Variationsrechnung von *L. Koschmieder*. 2 Bände. 2., neubearbeitete Auflage.
I: Das freie und gebundene Extrem einfacher Grundintegrale. 128 Seiten, 23 Figuren. 1962. (1074)
Einführung in die konforme Abbildung von *L. Bieberbach*. 5., erweiterte Auflage. 180 Seiten, 42 Figuren. 1956. (768/768a)

Vektoren und Matrizen von *S. Valentiner*. 2. Auflage. (9., erweiterte Auflage der „Vektoranalysis"). Mit Anhang: Aufgaben zur Vektorrechnung von *H. König*. 202 Seiten, 35 Figuren. 1960. (354/354a)

Versicherungsmathematik von *F. Böhm*. 2 Bände.
I: Elemente der Versicherungsrechnung. 3., vermehrte und verbesserte Auflage. Durchgesehener Neudruck. 151 Seiten. 1953. (180)
II: Lebensversicherungsmathematik. Einführung in die technischen Grundlagen der Sozialversicherung. 2., verbesserte und vermehrte Auflage. 205 Seiten. 1953. (917/917a)

Finanzmathematik von *M. Nicolas*. 192 Seiten, 11 Tafeln, 8 Tabellen und 72 Beispiele. 1959. (1183/1183a)

Physik

Einführung in die theoretische Physik von *W. Döring*. 5 Bände.
I: Mechanik. 2., verbesserte Auflage. 123 Seiten, 25 Abbildungen. 1960. (76)
II: Das elektromagnetische Feld. 2., verbesserte Auflage. 132 Seiten, 15 Abbildungen. 1962. (77)
III: Optik. 117 Seiten, 32 Abbildungen. 1956. (78)
IV: Thermodynamik. 107 Seiten, 9 Abbildungen. 1956. (374)
V: Statistische Mechanik. 114 Seiten, 12 Abbildungen. 1957. (1017)

Mechanik deformierbarer Körper von *M. Päsler*. 199 Seiten, 48 Abbildungen. 1960. (1189/1189a)

Atomphysik von *K. Bechert* und *Ch. Gerthsen †*. 7 Bände.
I: Allgemeine Grundlagen. 1. Teil. 4., durchgesehene Auflage von *A. Flammersfeld*. 124 Seiten, 35 Abbildungen. 1959. (1009)
II: Allgemeine Grundlagen. 2. Teil. 4. Auflage. 1962. In Vorber. (1033)
III: Theorie des Atombaus. 1. Teil. 4., umgearbeitete Auflage. 148 Seiten, 16 Abbildungen. 1962. In Vorbereitung (1123/1123a)
IV: Theorie des Atombaus. 2. Teil. 3., umgearbeitete Auflage. 170 Seiten, 14 Abbildungen. 1954. (1165/1165a)

Differentialgleichungen der Physik von *F. Sauter*. 3., durchgesehene und ergänzte Auflage. 148 Seiten, 16 Figuren. 1958. (1070)

Physikalische Formelsammlung von *G. Mahler †*. Neubearbeitet von *K. Mahler*. 10., durchgesehene Auflage. 153 Seiten, 69 Figuren. 1959. (136)

Physikalische Aufgabensammlung von *G. Mahler †*. Neu bearbeitet von *K. Mahler*. Mit den Ergebnissen. 11. Auflage. 127 Seiten. 1961. (243)

Chemie

Geschichte der Chemie in kurzgefaßter Darstellung von *G. Lockemann*. 2 Bände.
I: Vom Altertum bis zur Entdeckung des Sauerstoffs. 142 Seiten, 8 Bildnisse. 1950. (264)
II: Von der Entdeckung des Sauerstoffs bis zur Gegenwart. 151 Seiten, 16 Bildnisse. 1955. (265/265a)

Anorganische Chemie von *W. Klemm*. 12., neubearbeitete und erweiterte Auflage. 255 Seiten, 34 Abbildungen. 1962. (37/37a)

Organische Chemie von *W. Schlenk*. 8., erweiterte Auflage. 272 Seiten, 16 Abbildungen. 1960. (38/38a)

Physikalische Methoden der Organischen Chemie von *G. Kresze*. 65 Abbildungen. 1962. (44/44a)

Allgemeine und physikalische Chemie von *W. Schulze*. 2 Bände.
I: 5., durchgesehene Auflage. 139 Seiten, 10 Figuren. 1960. (71)
II: 5., verbesserte Auflage. 178 Seiten, 37 Figuren. 1961. (698/698a)

Einfache Versuche zur allgemeinen und physikalischen Chemie von *E. Dehn.* 371 Versuche mit 40 Abbildungen. 272 Seiten. 1962. (1201/1201 a)

Molekülbau. Theoretische Grundlagen und Methoden der Strukturermittlung von *W. Schulze.* 123 Seiten, 43 Figuren. 1958. (786)

Physikalisch-chemische Rechenaufgaben von *E. Asmus.* 3., verbesserte Auflage. 96 Seiten. 1958. (445)

Maßanalyse. Theorie und Praxis der klassischen und der elektrochemischen Titrierverfahren von *G. Jander* und *K. F. Jahr.* 9., durchgesehene Auflage. 313 Seiten, 49 Figuren. 1961. (221/221 a)

Qualitative Analyse von *H. Hofmann* u. *G. Jander.* 308 Seiten, 5 Abbildungen. 1960. (247/247 a)

Thermochemie von *W. A. Roth †.* 2., verbesserte Auflage. 109 Seiten, 16 Figuren. 1952. (1057)

Stöchiometrische Aufgabensammlung von *W. Bahrdt †* und *R. Scheer.* Mit den Ergebnissen. 7., durchgesehene Auflage. 119 Seiten. 1960. (452)

Elektrochemie und ihre physikalisch-chemischen Grundlagen von *A. Dassler.* 2 Bände.
II: 178 Seiten, 17 Abbildungen. 1950. (253)

Technologie

Die Chemie der Kunststoffe von *K. Hamann,* unter Mitarbeit von *W. Funke* und *H. D. Hermann.* 143 Seiten. 1960. (1173)

Warenkunde von *K. Hassak* und *E. Beutel †.* 2 Bände.
I: Anorganische Waren sowie Kohle und Erdöl. 8. Auflage. Neubearbeitet von *A. Kutzelnigg.* 119 Seiten, 18 Figuren. 1958. (222)
II: Organische Waren. 8. Auflage. Vollständig neubearbeitet von *A. Kutzelnigg.* 157 Seiten, 32 Figuren. 1959. (223)

Die Fette und Öle von *Th. Klug.* 6., verbesserte Auflage. 143 Seiten. 1961. (335)

Die Seifenfabrikation von *K. Braun †.* 3., neubearbeitete und verbesserte Auflage von *Th. Klug.* 116 Seiten, 18 Abbildungen. 1953. (336)

Textilindustrie von *A. Blümcke.*
I: Spinnerei und Zwirnerei. 111 Seiten, 43 Abbildungen. 1954. (184)

Biologie

Einführung in die allgemeine Biologie und ihre philosophischen Grund- und Grenzfragen von *M. Hartmann.* 132 Seiten, 2 Abbildungen. 1956. (96)

Hormone von *G. Koller.* 2., neubearbeitete und erweiterte Auflage. 187 Seiten, 60 Abbildungen, 19 Tabellen. 1949. (1141)

Fortpflanzung im Tier- und Pflanzenreich von *J. Hämmerling.* 2., ergänzte Auflage. 135 Seiten, 101 Abbildungen. 1951. (1138)

Geschlecht und Geschlechtsbestimmung im Tier- und Pflanzenreich von *M. Hartmann.* 2., verbesserte Auflage. 116 Seiten, 61 Abbildungen, 7 Tabellen. 1951. (1127)

Symbiose der Tiere mit pflanzlichen Mikroorganismen von *P. Buchner.* 2., verbesserte und vermehrte Auflage. 130 Seiten, 121 Abbildungen. 1949. (1128)

Grundriß der Allgemeinen Mikrobiologie von *W.* u. *A. Schwartz.* 2 Bände. 2., verbesserte und ergänzte Auflage.
I: 147 Seiten, 25 Abbildungen. 1960. (1155)
II: 142 Seiten, 29 Abbildungen. 1961. (1157)

Botanik

Entwicklungsgeschichte des Pflanzenreiches von *H. Heil*. 2. Auflage. 138 Seiten, 94 Abbildungen, 1 Tabelle. 1950. (1137)
Morphologie der Pflanzen von *L. Geitler*. 3., umgearbeitete Auflage. 126 Seiten, 114 Abbildungen. 1953. (141)
Pflanzengeographie von *L. Diels †*. 5., völlig neubearbeitete Auflage von *F. Mattick*. 195 Seiten, 2 Karten. 1958. (389/389 a)
Die Laubhölzer. Kurzgefaßte Beschreibung der in Mitteleuropa gedeihenden Laubbäume und Sträucher von *F. W. Neger †* und *E. Münch †*. 3., durchgesehene Auflage, herausgegeben von *B. Huber*. 143 Seiten, 63 Figuren, 7 Tabellen. 1950. (718)
Die Nadelhölzer (Koniferen) und übrigen Gymnospermen von *F. W. Neger †* und *E. Münch †*. 4. Auflage, durchgesehen und ergänzt von *B. Huber*. 140 Seiten, 75 Figuren, 4 Tabellen, 3 Karten. 1952. (355)
Pflanzenzüchtung von *H. Kuckuck*. 2 Bände.
I: Grundzüge der Pflanzenzüchtung. 3., völlig umgearbeitete und erweiterte Auflage. 132 Seiten, 22 Abbildungen. 1952. (1134)
II: Spezielle gartenbauliche Pflanzenzüchtung (Züchtung von Gemüse, Obst und Blumen). 178 Seiten, 27 Abbildungen. 1957. (1178/1178 a)

Zoologie

Entwicklungsphysiologie der Tiere von *F. Seidel*. 2 Bände.
I: Ei und Furchung. 126 Seiten, 29 Abbildungen. 1953. (1162)
II: Körpergrundgestalt und Organbildung. 159 Seiten, 42 Abbildungen. 1953. (1163)
Das Tierreich
I: Einzeller, Protozoen von *E. Reichenow*. 115 Seiten, 59 Abbildungen. 1956. (444)
II: Schwämme und Hohltiere von *H. J. Hannemann*. 95 Seiten, 80 Abbildungen. 1956. (442)
III: Würmer. Platt-, Hohl-, Schnurwürmer, Kamptozoen, Ringelwürmer, Protracheaten, Bärtierchen, Zungenwürmer von *S. Jaeckel*. 114 Seiten, 36 Abbildungen. 1955. (439)
IV, 1: Krebse von *H. E. Gruner* und *K. Deckert*. 114 Seiten, 43 Abbildungen. 1956. (443)
IV, 2: Spinnentiere (Trilobitomorphen, Fühlerlose) und Tausendfüßler von *A. Kaestner*. 96 Seiten, 55 Abbildungen. 1955. (1161)
IV, 3: Insekten von *H. von Lengerken*. 128 Seiten, 58 Abbildungen. 1953. (594)
V: Weichtiere. Urmollusken, Schnecken, Muscheln und Kopffüßer von *S. Jaeckel*. 92 Seiten, 34 Abbildungen. 1954. (440)
VI: Stachelhäuter. Tentakulaten, Binnenatmer und Pfeilwürmer von *S. Jaeckel*. 100 Seiten, 46 Abbildungen. 1955. (441)
VII, 1: Manteltiere, Schädellose, Rundmäuler von *Th. Haltenorth*. In Vorbereitung. (448)
VII, 2: Fische von *D. Lüdemann*. 130 Seiten, 65 Abbildungen. 1955. (356)
VII, 3: Lurche (Chordatiere) von *K. Herter*. 143 S., 129 Abb. 1955. (847)
VII, 4: Kriechtiere (Chordatiere) von *K. Herter*. 200 Seiten, 142 Abbildungen. 1960. (447/447 a)
VII, 5: Vögel (Chordatiere) von *H.-A. Freye*. 156 S., 69 Fig. 1960. (869)
VII, 6: Säugetiere (Chordatiere) von *Th. Haltenorth*. In Vorbereitung. (282)

Land- und Forstwirtschaft

Landwirtschaftliche Tierzucht. Die Züchtung und Haltung der landwirtschaftlichen Nutztiere von *H. Vogel*. 139 Seiten, 11 Abbildungen. 1952. (228)

Kulturtechnische Bodenverbesserungen von *O. Fauser*. 2 Bände. 5., verbesserte und vermehrte Auflage.

I: Allgemeines, Entwässerung. 127 Seiten, 49 Abbildungen. 1959. **(691)**

II: Bewässerung, Ödlandkultur, Flurbereinigung. 159 Seiten, 71 Abbildungen. 1961. (692)

Agrikulturchemie von *K. Scharrer*. 2 Bände.

I: Pflanzenernährung. 143 Seiten. 1953. (329)

II: Futtermittelkunde. 192 Seiten. 1956. (330/330a)

Geologie, Mineralogie, Kristallographie

Geologie von *F. Lotze*. 2., verbesserte Auflage. 178 Seiten, 80 Abbildungen. 1961. (13)

Mineral- und Erzlagerstättenkunde von *H. Huttenlocher †*. 2 Bände.

I: 2. Auflage. 128 Seiten, 34 Abbildungen. In Vorbereitung. (1014)

II: 156 Seiten, 48 Abbildungen. 1954. (1015/1015a)

Allgemeine Mineralogie. 10., erweiterte Auflage der „Mineralogie" von *R. Brauns †*, bearbeitet von *K. F. Chudoba*. 120 Seiten, 120 Figuren, 1 Tafel, 3 Tabellen. 1958. (29)

Spezielle Mineralogie. 10., erweiterte Auflage der „Mineralogie" von *R. Brauns †*, bearbeitet von *K. F. Chudoba*. 170 Seiten, 125 Figuren, 4 Tabellen. 1959. (31/31a)

Petrographie (Gesteinskunde) von *W. Bruhns †*. Neubearbeitet von *P. Ramdohr*. 5., erweiterte Auflage. 141 Seiten, 10 Figuren. 1960. (173)

Kristallographie von *W. Bruhns †*. 5. Auflage, neubearbeitet von *P. Ramdohr*. 109 Seiten, 164 Abbildungen. 1958. (210)

Einführung in die Kristalloptik von *E. Buchwald*. 4., verbesserte Auflage. 138 Seiten. 121 Figuren. 1952. (619)

Lötrohrprobierkunde. Mineraldiagnose mit Lötrohr- und Tüpfelreaktion von *M. Henglein*. 4., durchgesehene und erweiterte Auflage. 108 Seiten, 11 Figuren. 1962. (483)

Technik

Graphische Darstellung in Wissenschaft und Technik von *M. Pirani*. 3., erweiterte Auflage bearbeitet von *J. Fischer* unter Benutzung der von *I. Runge* besorgten 2. Auflage. 216 Seiten, 104 Abbildungen. 1957. (728/728a)

Technische Tabellen und Formeln von *W. Müller*. 5., verbesserte und erweiterte Auflage von *E. Schulze*. 163 Seiten, 114 Abbildungen. 1962. (579)

Grundlagen der Straßenverkehrstechnik. Theorie der Leistungsfähigkeit von *E. Engel*. 101 Seiten, 55 Abbildungen. 1962. (1198)

Elektrotechnik

Grundlagen der allgemeinen Elektrotechnik von *O. Mohr*. 2., durchgesehene Auflage. 260 Seiten, 136 Bilder, 14 Tafeln. 1961. (196/196a)

Die Gleichstrommaschine von *K. Humburg*. 2 Bände. 2., durchgesehene Auflage.

I: 102 Seiten, 59 Abbildungen. 1956. (257)

II: 101 Seiten, 38 Abbildungen. 1956. (881)

Die Synchronmaschine von *W. Putz*. 91 Seiten, 64 Abbildungen. 1962. (1146)
Induktionsmaschinen von *F. Unger*. 2., erweiterte Auflage. 142 Seiten, 49 Abbildungen. 1954. (1140)
Die komplexe Berechnung von Wechselstromschaltungen von *H. H. Meinke*. 2. Auflage. 180 Seiten, 120 Abbildungen. 1957. (1156/1156a)
Theoretische Grundlagen zur Berechnung der Schaltgeräte von *F. Kesselring*. 3. Auflage. 144 Seiten, 92 Abbildungen. 1950. (711)
Einführung in die Technik selbsttätiger Regelungen von *W. zur Megede*. 2., durchgesehene Auflage. 180 Seiten, 86 Abbildungen. 1961. (714/714a)
Elektromotorische Antriebe (Grundlagen für die Berechnung) von *A. Schwaiger*. 3., neubearbeitete Auflage. 96 Seiten, 34 Abbildungen. 1952. (827)
Überspannungen und Überspannungsschutz von *G. Frühauf*. Durchgesehener Neudruck. 122 Seiten, 98 Abbildungen. 1950. (1132)
Transformatoren von *W. Schäfer*. 4., überarbeitete und ergänzte Auflage. 130 Seiten, 73 Abbildungen. 1962. In Vorbereitung. (952)

Maschinenbau

Metallkunde von *H. Borchers*. 3 Bände.
I: Aufbau der Metalle und Legierungen. 5. Auflage. 120 Seiten, 90 Abbildungen, 2 Tabellen. 1962. (432)
II: Eigenschaften, Grundzüge der Form- und Zustandsgebung. 3. und 4. Auflage. 179 Seiten, 107 Abbildungen, 10 Tabellen. 1959. (433/433a)
III: Die metallkundlichen Untersuchungsmethoden von *E. Hanke* In Vorbereitung. (434)
Die Werkstoffe des Maschinenbaues von *A. Thum †* und *C. M. v. Meysenbug*. 2 Bände.
I: Einführung in die Werkstoffprüfung. 2., neubearbeitete Auflage. 100 Seiten, 7 Tabellen, 56 Abbildungen. 1956. (476)
II: Die Konstruktionswerkstoffe. 132 Seiten, 40 Abbildungen. 1959. (936)
Dynamik von *W. Müller*. 2 Bände. 2., verbesserte Auflage.
I: Dynamik des Einzelkörpers. 128 Seiten, 48 Figuren. 1952. (902)
II: Systeme von starren Körpern. 102 Seiten, 41 Figuren. 1952. (903)
Technische Schwingungslehre von *L. Zipperer*. 2 Bände. 2., neubearbeitete Auflage.
I: Allgemeine Schwingungsgleichungen, einfache Schwinger. 120 Seiten, 101 Abbildungen. 1953. (953)
II: Torsionsschwingungen in Maschinenanlagen. 102 Seiten, 59 Abbildungen. 1955. (961/961a)
Werkzeugmaschinen für Metallbearbeitung von *K. P. Matthes*. 2 Bände.
I: 100 Seiten, 27 Abbildungen, 11 Zahlentafeln, 1 Tafelanhang. 1954. (561)
II: Fertigungstechnische Grundlagen der neuzeitlichen Metallbearbeitung. 101 Seiten, 30 Abbildungen, 5 Tafeln. 1955. (562)
Das Maschinenzeichnen mit Einführung in das Konstruieren von *W. Tochtermann*. 2 Bände. 4. Auflage.
I: Das Maschinenzeichnen. 156 Seiten, 75 Tafeln. 1950. (589)
II: Ausgeführte Konstruktionsbeispiele. 130 Seiten, 58 Tafeln. 1950. (590)
Die Maschinenelemente von *E. A. vom Ende*. 4., überarbeitete Auflage. Etwa 166 Seiten 175 Figuren, 9 Tafeln. In Vorbereitung. (3/3a)

Die Maschinen der Eisenhüttenwerke von *L. Engel.* 156 Seiten, 95 Abbildungen 1957. (583/583a)

Walzwerke von *H. Sedlaczek †* unter Mitarbeit von *F. Fischer* und *M. Buch.* 232 Seiten, 157 Abbildungen. 1958. (580/580a)

Getriebelehre von *P. Grodzinski †.* 2 Bände. 3., neubearbeitete Auflage von *G. Lechner.*
I: Geometrische Grundlagen. 164 Seiten, 131 Figuren. 1960. (1061)
II: Angewandte Getriebelehre. In Vorbereitung. (1062)

Gießereitechnik von *H. Jungbluth.* 2 Bände.
I: Eisengießerei. 126 Seiten, 44 Abbildungen. 1951. (1159)

Die Dampfturbinen. Ihre Wirkungsweise, Berechnung und Konstruktion von *C. Zietemann.* 3 Bände. 3., verbesserte Auflage.
I: Theorie der Dampfturbinen. 139 Seiten, 48 Abbildungen. 1955. (274)
II: Die Berechnung der Dampfturbinen und die Konstruktion der Einzelteile. 132 Seiten, 111 Abbildungen. 1956. (715)
III: Die Regelung der Dampfturbinen, die Bauarten, Turbinen für Sonderzwecke, Kondensationsanlagen. 126 Seiten, 90 Abbildungen. 1956. (716)

Verbrennungsmotoren von *W. Endres.* 3 Bände.
I: Überblick. Motor-Brennstoffe. Verbrennung im Motor allgemein, im Otto- und Diesel-Motor. 153 Seiten, 57 Abbildungen. 1958. (1076/1076a)
II: Die heutigen Typen der Verbrennungskraftmaschine. In Vorbereitung. (1184)
III: Die Einzelteile des Verbrennungsmotors. In Vorbereitung. (1185)

Autogenes Schweißen und Schneiden von *H. Niese.* 5. Auflage, neubearbeitet von *A. Küchler.* 136 Seiten, 71 Figuren. 1953. (499)

Die elektrischen Schweißverfahren von *H. Niese.* 2. Auflage, neubearbeitet von *H. Dienst.* 136 Seiten, 58 Abbildungen. 1955. (1020)

Die Hebezeuge. Entwurf von Winden und Kranen von *G. Tafel.* 2., verbesserte Auflage. 176 Seiten, 230 Figuren. 1954. (414/414a)

Wasserbau

Wasserkraftanlagen von *A. Ludin* unter Mitarbeit von *W. Borkenstein.* 2 Bände.
I: Planung, Grundlagen und Grundzüge. 124 Seiten, 60 Abbildungen. 1955. (665)
II: Anordnung und Ausbildung der Hauptbauwerke. 184 Seiten, 91 Abbildungen. 1958. (666/666a)

Verkehrswasserbau von *H. Dehnert.* 3 Bände.
I: Entwurfsgrundlagen, Flußregelungen. 103 Seiten, 52 Abbildungen. 1950. (585)
II: Flußkanalisierung und Schiffahrtskanäle. 94 Seiten, 60 Abbildungen. 1950. (597)
III: Schleusen und Hebewerke. 98 Seiten, 70 Abbildungen. 1950. (1152)

Wehr- und Stauanlagen von *H. Dehnert.* 134 Seiten, 90 Abbildungen. 1952. (965)

Talsperren von *F. Tölke.* 122 Seiten, 70 Abbildungen. 1953. (1044)

Hoch- und Tiefbau

Die wichtigsten Baustoffe des Hoch- und Tiefbaus von *O. Graf †*. 4., verbesserte Auflage. 131 Seiten, 63 Abbildungen. 1953. (984)

Baustoffverarbeitung und Baustellenprüfung des Betons von *A. Kleinlogel*. 2., neubearbeitete und erweiterte Auflage. 126 Seiten, 35 Abbildungen. 1951. (978)

Festigkeitslehre. 2 Bände.
I: Elastizität, Plastizität und Festigkeit der Baustoffe und Bauteile von *W. Gehler †* und *W. Herberg*. Durchgesehener und erweiterter Neudruck. 159 Seiten, 118 Abbildungen. 1952. (1144)
II: Formänderung, Platten, Stabilität und Bruchhypothesen von *W. Herberg* und *N. Dimitrov*. 187 Seiten, 94 Abbildungen. 1955. (1145/1145a)

Grundlagen des Stahlbetonbaus von *A. Troche*. 2., neubearbeitete und erweiterte Auflage. 208 Seiten, 75 Abbildungen, 17 Bemessungstafeln, 20 Rechenbeispiele. 1953. (1078)

Statik der Baukonstruktionen von *A. Teichmann*. 3 Bände.
I: Grundlagen. 101 Seiten, 51 Abbildungen, 8 Formeltafeln. 1956. (119)
II: Statisch bestimmte Stabwerke. 107 Seiten, 52 Abbildungen, 7 Tafeln. 1957. (120)
III: Statisch unbestimmte Systeme. 112 Seiten, 34 Abbildungen, 7 Formeltafeln. 1958. (122)

Fenster, Türen, Tore aus Holz und Metall. Eine Anleitung zu ihrer guten Gestaltung, wirtschaftlichen Bemessung und handwerksgerechten Konstruktion von *W. Wickop †*. 4., überarbeitete und ergänzte Auflage. 155 Seiten, 95 Abbildungen. 1955. (1092)

Heizung und Lüftung von *W. Körting*. 2 Bände. 9., neubearbeitete Auflage.
I: Das Wesen und die Berechnung der Heizungs- und Lüftungsanlagen. 172 Seiten, 29 Abbildungen, 36 Zahlentafeln. 1962. (342/342a)
II: Die Ausführung der Heizungs- und Lüftungsanlagen. 1962. In Vorbereitung. (343)

Industrielle Kraft- und Wärmewirtschaft von *F. A. F. Schmidt* und *A. Beckers*. 167 Seiten, 73 Abbildungen. 1957. (318/318a)

Vermessungswesen

Vermessungskunde von *P. Werkmeister*. 3 Bände.
I: Stückvermessung und Nivellieren. 11., verbesserte Auflage von *W. Grossmann*. 144 Seiten, 117 Figuren. 1962. (468)
II: Horizontalaufnahmen und ebene Rechnungen. 8., völlig neubearbeitete Auflage von *W. Grossmann*. 133 Seiten, 97 Figuren. 1959. (469)
III: Trigonometrische und barometrische Höhenmessung. Tachymetrie und Absteckungen. 7., völlig neubearbeitete Auflage von *W. Grossmann*. 136 Seiten, 97 Figuren. 1960. (862)

Kartographie von *V. Heissler*. 125 Abbildungen, mehrere Karten. 1962. In Vorbereitung. (30/30a)

Photogrammetrie von *G. Lehmann*. 189 Seiten, 132 Abbildungen. 1959. (1188/1188a)

Sammlung Göschen / Bandnummernfolge

1 Langosch, Der Nibelunge Nôt
3/3a v. Ende, Maschinenelemente
10 Jiriczek-Wisniewski, Kudrun- und Dietrich-Epen
13 Lotze, Geologie
18 Maurer, Hartmann von Aue. Der arme Heinrich
19 Altheim, Römische Geschichte I
20 Hofstaetter, Dt. Sprachlehre
22 Maurer, Gottfried von Strassburg
29 Brauns-Chudoba, Allg. Mineralog.
30/30a Heissler, Kartographie
31/31a Brauns-Chudoba, Spez. Mineralogie
35 Treue, Dt. Geschichte von 1648 bis 1740
37/37a Klemm, Anorganische Chemie
38/38a Schlenk, Organische Chemie
39 Treue, Dt. Geschichte von 1713 bis 1806
42 Behn-Hoernes, Vorgesch. Europas
44/44a Kresze, Physikalische Methoden der organischen Chemie
47 Fischer-Rohrbach, Arithmetik
51/51a Ringleb, Mathem. Formelslg.
52 Bieler, Röm. Literaturgesch. I
59 Krahe, Indog. Sprachwiss. I
60 Biehle, Stimmkunde
61 Biehle, Redetechnik
64 Krahe, Indog. Sprachwiss. II
65/65a Grotemeyer, Analyt. Geomet.
66 Berneker-Vasmer, Russische Grammatik
70 Nestle-Liebich, Gesch. d. griech. Literatur I
71 Schulze, Allgemeine und physikalische Chemie I
76 Döring, Einf. i. d. th. Physik I
77 Döring, Einf. i. d. th. Physik II
78 Döring, Einf. i. d. th. Physik III
79/79a Hempel, Got. Elementarbuch
80 Weigert, Stilkunde I
81 Schubert-Haussner-Erlebach, Vierstell. Logarithmentafeln
86/86a Barner, Differential- u. Integralrechnung I
96 Hartmann, Einf. in die allgem. Biologie
99 Hessenberg-Kneser, Ebene und sphär. Trigonometrie
101 v. Wiese, Soziologie
103 Dahrendorf, Industrie- und Betriebssoziologie
104/104a Hofstätter, Sozialpsycholog.
111 Hoffmann-Debrunner, Gesch. der griechischen Sprache I
114 Debrunner, Gesch. der griechisch. Sprache II
117 Brandenstein, Griechische Sprachwissenschaft I
118/118a Brandenstein, Griechische Sprachwissenschaft II
119 Teichmann, Statik der Baukonstruktionen I
120 Teichmann, Statik der Baukonstruktionen II
122 Teichmann, Statik der Baukonstruktionen III
125 Vossler-Noyer-Weidner, Ital. Literaturgeschichte
128/128a Lausberg, Romanische Sprachwissenschaft I
136 Mahler, Physikal. Formelslg.
141 Geitler, Morphologie der Pflanzen
142 Haack, Darstellende Geometrie I
143 Haack, Darstellende Geometrie II
144 Haack, Darstellende Geometrie III
145 Weimer, Gesch. der Pädagogik
148 Kolms, Finanzwissenschaft I
156/156a Landmann, Philosophische Anthropologie
170 Oehlmann, Musik des 19. Jhs.
171/171a Oehlmann, Musik des 20. Jhs.
173 Bruhns-Ramdohr, Petrographie
180 Böhm, Versicherungsmathem. I
184 Blümcke, Textilindustrie I
196/196a Mohr, Grundlagen der Elektrotechnik
200/200a Gottschald, Dt. Rechtschreibungswörterbuch
210 Bruhns-Ramdohr, Kristallogr.
220/220a Moser, Allg. Musiklehre
221/221a Jander-Jahr, Maßanalyse
222 Hassak-Beutel-Kutzelnigg, Warenkunde I
223 Hassak-Beutel-Kutzelnigg, Warenkunde II
226/226a Hofmann, Gesch. d. Mathematik I
228 Vogel, Landw. Tierzucht
231/231a Ehrlich, Geschichte Israels
238 Krahe, German. Sprachwiss. I
243 Mahler, Physikal. Aufgabenslg.

247/247a Hofmann-Jander, Qualitative Analyse
250 Lausberg, Romanische Sprachwissenschaft II
253 Dassler, Elektrochemie II
257 Humburg, Gleichstrommaschine I
264 Lockemann, Gesch. d. Chemie I
265/265a Lockemann, Geschichte der Chemie II
270 Kirn, Einführung in die Geschichtswissenschaft
274 Zietemann, Dampfturbinen I
279 Jacob-Hohenleutner, Quellenkde. der deutschen Geschichte I
280 Jacob-Hohenleutner, Quellenkde. der deutschen Geschichte II
281 Leisegang, Einführung in die Philosophie
282 Haltenorth, Säugetiere
284 Jacob-Weden, Quellenkunde der deutschen Geschichte III
318/318a Schmidt-Beckers, Industrielle Kraft- u. Wärmewirtschaft
319 Krug, Australien und Ozeanien
329 Scharrer, Agrikulturchemie I
330/330a Scharrer, Agrikulturchem. II
335 Klug, Fette und Öle
336 Braun-Klug, Seifenfabrikation
342/342a Körting, Heizung und Lüftung I
343 Körting, Heizung und Lüftung II
344 Moser, Musikästhetik
354/354a Valentiner-König, Vektoren und Matrizen
355 Neger-Münch-Huber, Nadelhölzer
356 Lüdemann, Fische
374 Döring, Einführung in die theoret. Physik IV
375 Preller, Geschichte Englands I
389/389a Diels-Mattick, Pflanzengeographie
391 Kolms, Finanzwissenschaft II
394/394a Schilling, Von der Renaissance bis Kant
414/414a Tafel, Hebezeuge
422 Gottschald, Dt. Personennamen
423 Adler-Erlebach, Fünfstellige Logarithmen
432 Borchers, Metallkunde I
433/433a Borchers, Metallkunde II
434 Borchers-Hanke, Metallkunde III
435 Burau, Algebr. Kurven u. Flächen I
436 Burau, Algebr. Kurven und Flächen II
439 Jaeckel, Würmer
440 Jaeckel, Weichtiere
441 Jaeckel, Stachelhäuter
442 Hannemann, Schwämme und Hohltiere
443 Gruner-Deckert, Krebse
444 Reichenow, Einzeller
445 Asmus, Physikal.-chem. Rechenaufgaben
447/447a Herter, Kriechtiere
448 Haltenorth, Manteltiere
452 Bahrdt-Scheer, Stöchiometrische Aufgabensammlung
468 Werkmeister-Grossmann, Vermessungskunde I
469 Werkmeister-Grossmann, Vermessungskunde II
476 Thum-Meysenbug, Die Werkstoffe des Maschinenbaues I
483 Henglein, Lötrohrprobierkunde
492 Stolz-Debrunner, Geschichte der latein. Sprache
499 Niese-Küchler, Autogenes Schweißen
500 Simmel, Hauptprobleme der Philosophie
536 Lehmann, Kant
538 Rumpf, Archäologie I
539 Rumpf, Archäologie II
557 Nestle-Liebich, Gesch. d. griech. Literatur II
561 Matthes, Werkzeugmaschinen I
562 Matthes, Werkzeugmaschinen II
564 Behn-Hoernes, Kultur der Urzeit I
565 Behn-Hoernes, Kultur d. Urzeit II
566 Behn-Hoernes, Kultur d. Urzeit III
571 Lehmann, Philosophie d. 19. Jh. I
576/576a Moser, Gesangskunst
579 Müller-Schulze, Techn. Tabellen
580/580a Sedlaczek-Fischer-Buch, Walzwerke
583/583a Engel, Maschinen der Eisenhüttenwerke
585 Dehnert, Verkehrswasserbau I
587 Kalitsunakis-Steinmetz, Neugriech.-dt. Gesprächsbuch
589 Tochtermann, Maschinenzeichnen I
590 Tochtermann, Masch.-Zeichnen II
594 v. Lengerken, Insekten
597 Dehnert, Verkehrswasserbau II
601 Mutschmann, Engl. Phonetik
619 Buchwald, Kristalloptik

665 Ludin-Borkenstein, Wasserkraftanlagen I
666/666a Ludin-Borkenstein, Wasserkraftanlagen II
668 Knopp, Funktionentheorie I
677 Altheim, Röm. Geschichte II
679 Altheim, Röm. Geschichte III
684 Altheim, Röm. Geschichte IV
691 Fauser, Kulturtechn. Bodenverbesserungen I
692 Fauser, Kulturtechn. Bodenverbesserungen II
698/698a Schulze, Allgemeine und physikalische Chemie II
703 Knopp, Funktionentheorie II
709 Lehmann, Philosophie d. 19. Jh. II
711 Kesselring, Berechnung der Schaltgeräte
714/714a zur Megede, Technik selbsttätiger Regelungen
715 Zietemann, Dampfturbinen II
716 Zietemann, Dampfturbinen III
718 Neger-Münch-Huber, Laubhölzer
728/728a Pirani-Fischer-Runge, Graph. Darstellg. in Wissensch. u. Technik
735 Ekwall, Historische neuengl. Laut- und Formenlehre
746/746a Pfanzagl, Allg. Methodenlehre der Statistik I
747/747a Pfanzagl, Allg. Methodenlehre der Statistik II
756/756a Kalitsunakis, Grammatik der Neugriechischen Volkssprache
763/763a Beer-Meyer, Hebräische Grammatik I
764/764a Beer-Meyer, Hebräische Grammatik II
768/768a Bieberbach, Einführung in die konforme Abbildung
769/769a Beer-Meyer, Hebr. Textbuch
776 Kolms, Finanzwissenschaft III
780 Krahe, German. Sprachwiss. II
781 Weigert, Stilkunde II
782 Kolms, Finanzwissenschaft IV
786 Schulze, Molekülbau
807 Kropp, Erkenntnistheorie
809 Moser, Harmonielehre I
826 Koch, Philosophie des Mittelalters
827 Schwaiger, Elektromotorische Antriebe
831 Erismann, Allg. Psychologie I
832/832a Erismann, Allg. Psychologie II
833/833a Erismann, Allg. Psychologie III
837 Baumgartner, Gruppentheorie
845 Lehmann, Philosophie im ersten Drittel des 20. Jahrhunderts I
847 Herter, Lurche
850 Lehmann, Philosophie im ersten Drittel des 20. Jahrhunderts II
851/851a Moede, Psychologie des Berufs- und Wirtschaftslebens
857 Capelle, Griech. Philosophie I
858 Capelle, Griech. Philosophie II
859 Capelle, Griech. Philosophie III
862 Werkmeister-Grossmann, Vermessungskunde III
863 Capelle, Griech. Philosophie IV
866 Bieler, Röm. Literaturgesch. II
869 Freye, Vögel
875 Hofmann, Geschichte der Mathematik II
877 Knopp, Aufgabensammlung zur Funktionentheorie I
878 Knopp, Aufgabensammlung zur Funktionentheorie II
881 Humburg, Gleichstrommasch. II
882 Hofmann, Gesch. d. Mathematik III
883 Stuloff, Mathematik der neuesten Zeit
893 Treue, Dt. Geschichte von 1806 bis 1890
894 Treue, Dt. Geschichte von 1890 bis zur Gegenwart
902 Müller, Dynamik I
903 Müller, Dynamik II
910 Jaeger, Afrika I
911 Jaeger, Afrika II
915 Sperber-Fleischhauer, Geschichte der Deutschen Sprache
917/917a Böhm, Versicherungsmathematik II
920 Hoheisel, Gewöhnliche Differentialgleichungen
921 Jantzen-Kolb, W. v. Eschenbach. Parzival
929 Schirmer-Mitzka, Dt. Wortkunde
930 Krull, Elementare und klassische Algebra I
931 Hasse, Höhere Algebra I
932 Hasse, Höhere Algebra II
933 Krull, Elementare und klassische Algebra II
936 Thum-Meysenbug, Werkstoffe des Maschinenbaues II

952 Schäfer, Transformatoren
953 Zipperer, Techn. Schwingungsl. I
961/961a Zipperer, Techn. Schwingungslehre II
965 Dehnert, Wehr- und Stauanlagen
970 Baldus-Löbell, Nichteuklidische Geometrie
978 Kleinlogel, Baustoffverarbeitung und Baustellenprüfung d. Betons
984 Graf, Baustoffe des Hoch- und Tiefbaues
999/999a Kamke, Mengenlehre
1000 Jaspers, Geistige Situat. der Zeit
1003 Hoheisel, Partielle Differentialgl.
1008/1008a Mellerowicz, Allgemeine Betriebswirtschaftslehre I
1009 Bechert-Gerthsen-Flammersfeld, Atomphysik I
1014 Huttenlocher, Mineral- und Erzlagerstättenkunde I
1015/1015a Huttenlocher, Mineral- u. Erzlagerstättenkunde II
1017 Döring, Einführung in die theoret. Physik V
1020 Niese-Dienst, Elektrische Schweißverfahren
1031/1031a Apel-Ludz, Philosophisches Wörterbuch
1033 Bechert-Gerthsen, Atomphys. II
1034 Kranefeldt-Jung, Therapeutische Psychologie
1035 Altheim, Röm. Religionsgeschichte I
1039 Dovifat, Zeitungslehre I
1040 Dovifat, Zeitungslehre II
1044 Tölke, Talsperren
1045 Schubert, Technik des Klavierspiels
1051/1051a Stolberg-Wernigerode, Gesch. d. Verein. Staaten von Amerika
1052 Altheim, Röm. Religionsgesch. II
1057 Roth, Thermochemie
1059 Hoheisel, Aufgabenslg. z. d. gew. u. part. Differentialgl.
1061 Grodzinski-Lechner, Getriebel. I
1062 Grodzinski-Lechner, Getriebelehre II
1065 Haller-Dannenbauer, Von den Karolingern zu den Staufern
1070 Sauter, Differentialgleichungen der Physik
1074 Koschmieder, Variationsrechnung I
1076/1076a Endres, Verbrennungsmotoren I
1077 Haller-Dannenbauer, Von den Staufern zu den Habsburgern
1078 Troche, Stahlbetonbau
1082 Hasse-Klobe, Aufgabensammlung zur höheren Algebra
1085 Lietzmann-Aland, Zeitrechnung
1086 Müller, Dt. Dichten u. Denken
1088 Preller, Gesch. Englands II
1092 Wickop, Fenster, Türen, Tore
1094 Hernried, System. Modulation
1096 Viëtor, Dt. Dichten und Denken
1099 Hoheisel, Integralgleichungen
1105 Hartung, Dt. Geschichte im Zeitalter der Reformation
1108 de Boor-Wisniewski, Mittelhochdeutsche Grammatik
1109 Knopp, Elemente der Funktionentheorie
1111 Betz, Althochdt. Elementarbuch
1113/1113a Strubecker, Differentialgeometrie I
1114 Schubel, Engl. Literaturgesch. I
1115 Ranke, Altnord. Elementarb.
1116 Schubel, Engl. Literaturgesch. II
1117 Haller-Dannenbauer, Eintritt der Germanen in die Geschichte
1121 Naumann, Dt. Dichten u. Denken
1122 Feist, Sprechen u. Sprachpflege
1123/1123a Bechert-Gerthsen, Atomphysik III
1124 Schubel, Engl. Literaturgesch. III
1125 Lehnert, Altengl. Elementarbuch
1127 Hartmann, Geschlecht und Geschlechtsbestimmung im Tier- und Pflanzenreich
1128 Buchner, Symbiose der Tiere mit pflanzl. Mikroorganismen
1130 Dibelius-Kümmel, Jesus
1131 Scholz-Schöneberg, Einführung in die Zahlentheorie
1132 Frühauf, Überspannungen und Überspannungsschutz
1134 Kuckuck, Pflanzenzüchtung I
1135 Lehnert, Beowulf
1137 Heil, Entwicklungsgeschichte des Pflanzenreiches
1138 Hämmerling, Fortpflanzung im Tier- und Pflanzenreich
1140 Unger, Induktionsmaschinen
1141 Koller, Hormone
1142 Meissner-Lehnert, Shakespeare
1144 Gebler-Herberg, Festigkeitslehre I

1145/1145a Herberg-Dimitrov, Festigkeitslehre II
1146 Putz, Synchronmaschine
1147 v. Waltershausen, Kunst des Dirigierens
1148 Pepping, Der polyphone Satz I
1152 Dehnert, Verkehrswasserbau III
1153/1153a Mellerowicz, Allgemeine Betriebswirtschaftslehre II
1154/1154a Mellerowicz, Allgemeine Betriebswirtschaftslehre III
1155 Schwartz, Mikrobiologie I
1156/1156a Meinke, Komplexe Berechn. v. Wechselstromschalt.
1157 Schwartz, Mikrobiologie II
1158 Mayrhofer, Sanskrit-Grammatik
1159 Jungbluth, Gießereitechnik I
1160 Dibelius-Kümmel, Paulus
1161 Kaestner, Spinnentiere
1162 Seidel, Entwicklungsphysiologie der Tiere I
1163 Seidel, Entwicklungsphysiologie der Tiere II
1164/1164a Pepping, Der polyphone Satz II
1165/1165a Bechert-Gerthsen, Atomphysik IV
1169 Paulsen, Allgemeine Volkswirtschaftslehre I
1170 Paulsen, Allgemeine Volkswirtschaftslehre II
1171 Paulsen, Allgemeine Volkswirtschaftslehre III
1172 Paulsen, Allgemeine Volkswirtschaftslehre IV
1173 Hamann-Funke-Hermann, Chemie der Kunststoffe
1176/1176a Lorenzen, Formale Logik
1178/1178a Kuckuck, Pflanzenzüchtung II
1179/1179a Strubecker, Differentialgeometrie II
1180/1180a Strubecker, Differentialgeometrie III
1181 Franz, Topologie I
1183/1183a Nicolas, Finanzmathematik
1184 Endres, Verbrennungsmot. II
1185 Endres, Verbrennungsmot. III
1186/1186a Mellerowicz, Allgemeine Betriebswirtschaftslehre IV
1187 Lau, Luther
1188/1188a Lehmann, Photogrammetrie
1189/1189a Päsler, Mechanik deformierbarer Körper
1190 Stupperich, Melanchthon
1191/1191a Bräuer, Slav. Sprachwissenschaft I
1193 Fürstenberg, Wirtschaftssoziologie
1194 Wendt, Gesch. d. Volkswirtschaftslehre
1195 Ohm, Allgem. Volkswirtschaftspolitik I
1196 Ohm, Allgem. Volkswirtschaftspolitik II
1197/1197a Onasch, Einf. in die Konfessionskunde der orthod. Kirchen
1198 Engel, Grundlagen der Straßenverkehrstechnik
1199/1199a Lausberg, Romanische Sprachwissenschaft III
1200 Lausberg, Romanische Sprachwissenschaft IV
1201/1201a Dehn, Versuche zur allgem. u. phys. Chemie
1202 Nagel, Gesch. des christl. Gottesdienstes
1204 Scheurig, Zeitgeschichte
1205 Hofmann, Ideengesch. d. soz. Bewegung

Autorenregister

Adler 10
Aland 5
Altheim 4, 6
Apel 3
Asmus 13
Bahrdt 13
Baldus 11
Barner 11
Baumgartner 11
Bechert 12
Beckers 18
Beer 8
Behn 5
Berneker 8
Betz 7
Beutel 13
Bieberbach 11
Bichle 6
Bieler 8
Blümcke 13
Böhm 12
de Boor 7
Borchers 16
Borkenstein 17
Bräuer 8
Brandenstein 8
Braun 13
Brauns 15
Bruhns 15
Buch 17
Buchner 13
Buchwald 15
Burau 10
Capelle 3
Chudoba 15
Dahrendorf 4, 9
Dannenbauer 5
Dassler 13
Debrunner 8
Deckert 14
Dehn 13
Dehnert 17

Dibelius 4
Diels 14
Dienst 17
Dimitrov 18
Döring 12
Dovifat 10
Ehrlich 4
Ekwall 7
Ende, vom 16
Endres 17
Engel, E. 15
Engel, L. 17
Erismann 4
Erlebach 10
Fauser 15
Feist 6
Fischer, F 17
Fischer, J. 15
Fischer, P. B. 10
Flammersfeld 12
Fleischhauer 6
Franz 10
Freye 14
Frühauf 16
Fürstenberg 9
Funke 13
Gehler 18
Geitler 14
Gerthsen 12
Gottschald 6, 7
Graf 18
Grodzinski 17
Grossmann 18
Grotemeyer 11
Gruner 14
Haack 11
Hämmerling 13
Haller 5
Haltenorth 14
Hamann 13
Hanke 16
Hannemann 14
Hartmann 13
Hartung 5
Hassak 13
Hasse 10
Haussner 10
Heil 14
Heissler 9, 18
Hempel 7
Henglein 15
Herberg 18
Hermann 13
Hernried 4
Herter 14
Hessenberg 11
Hoernes 5
Hoffmann 8
Hofmann, H. 13
Hofmann, J. E. 10
Hofmann, W. 4
Hofstätter 4
Hofstaetter 6
Hoheisel 11
Hohenleutner 6
Huber 14
Humburg 15
Huttenlocher 15
Jacob 6
Jaeckel 14
Jaeger 9
Jahr 13
Jander 13
Jantzen 7
Jaspers 3
Jiriczek 7
Jung 3
Jungbluth 17
Kaestner 14
Kalitsunakis 8
Kamke 11
Kesselring 16
Kirn 5
Kleinlogel 18
Klemm 12
Klobe 10
Klug 13
Kneser 11
Knopp 10, 11
Koch 3
König 12
Körting 18
Kolb 7
Koller 13
Kolms 9
Koschmieder 11
Krahe 7
Kranefeldt 3
Kresze 12
Kropp 3
Krug 9
Krull 10
Kuckuck 14
Küchler 17
Kümmel 4
Kutzelnigg 13
Landmann 3
Langosch 7
Lau 4
Lausberg 8
Lechner 17
Lehmann, G. 3
Lehmann, G. 18
Lehnert 7, 8
Leisegang 3
Lengerken, von 14
Liebich 8
Lietzmann 5
Lockemann 12
Löbell 11
Lorenzen 3, 10
Lotze 15
Ludin 17
Ludz 3
Lüdemann 14
Mahler 12
Matthes 16
Mattick 14
Maurer 7
Mayrhofer 8
Megede, zur 16
Meinke 16
Meissner 8
Mellerowicz 9
Meyer 8
Meysenbug 16
Mitzka 6
Moede 4, 9
Mohr 15
Moser 4, 5
Müller, G. 6
Müller, W. 15, 16
Münch 14
Mutschmann 7
Nagel 4
Naumann 6
Neger 14
Nestle 8
Nicolas 9, 12
Niese 17
Noyer-Weidner 8
Oehlmann 4
Ohm 9
Onasch 4
Päsler 12
Paulsen 9
Pepping 4
Pfanzagl 9
Pirani 15
Preller 6
Putz 16
Ramdohr 15
Ranke 7
Reichenow 14
Ringleb 10
Rohrbach 10
Roth 13
Rumpf 5
Runge 15
Sauter 12
Schäfer 16
Scharrer 15
Scheer 13
Scheurig 5
Schilling 3
Schirmer 6
Schlenk 12
Schmidt 18
Schoeneberg 10
Scholz 10
Schubel 7
Schubert, H. 10
Schubert, K. 5
Schulze, E, 15
Schulze, W. 12, 13
Schwaiger 16
Schwartz 13
Sedlaczek 17
Seidel 14
Simmel 3
Sperber 6
Steinmetz 8
Stolberg-Wernigerode, zu 6
Stolz 8
Strubecker 11
Stuloff 10
Stupperich 4
Tafel 17
Teichmann 18
Thum 16
Tochtermann 16
Tölke 17
Treue 5, 6
Troche 18
Unger 16
Valentiner 12
Vasmer 8
Viëtor 7
Vogel 15
Vossler 8
Waltershausen, v. 5
Weden 6
Weigert 5
Weimer 3
Wendt 9
Werkmeister 18
Wickop 18
Wiese, von 4
Wisniewski 7
Witting 11
Zietemann 17
Zipperer 16

FSC
www.fsc.org
MIX
Papier | Fördert
gute Waldnutzung
FSC® C083411

Kolibri 360 GmbH
Ferdinand-Jühlke-Straße 7
99095 Erfurt, Deutschland
produktsicherheit@kolibri360.de